이스탄불
세계사의 축소판, 인류 문명의 박물관

이스탄불 세계사의 축소판, 인류 문명의 박물관

1판 1쇄 발행 2005년 4월 7일
1판 3쇄 발행 2012년 6월 9일

지은이　이희철
펴낸이　김현정
펴낸곳　도서출판리수

기획·홍보　김현주
북디자인　알디

등록　제4-389호(2000년 1월 13일)
주소　서울시 성동구 행당로 6길 97 한진노변상가 110호
전화　2299-3703
팩스　2282-3152
홈페이지　www.risu.co.kr
이메일　risubook@hanmail.net

ⓒ 2005, 이희철

ISBN 978-89-90449-46-7 04910
※ 책값은 뒤표지에 있습니다.
※ 잘못 제본된 책은 바꾸어 드립니다.

이스탄불
세계사의 축소판, 인류 문명의 박물관

이희철 지음

리수

저자의 말
'아! 이스탄불'로 불러야 그 느낌이 차오는 도시

    이스탄불은 단순히 이스탄불로만 부르기엔 성이 안 차는 감동적인 도시다. 아름다운 보스포러스 해협과 골든 혼 만(灣)과 어우러진 이스탄불 전경은 보는 이로 하여금 감탄을 불러 일으키게 한다. 이스탄불은 '아! 이스탄불'로 불러야 그 느낌이 차오는 그런 도시다. 그 동안 우리와는 너무 멀어서 그 진가를 알기 어려웠지만, 낯선 이스탄불 땅에서 직접 본 이스탄불은 역사와 문화의 중후한 무게로 우리를 감동시킨다. 그래서 '아! 이스탄불'로 불러야 마음이 편해진다.

    이스탄불은 비잔틴 제국과 오스만 제국의 수도였다. 1,600여 년 간 양대 제국의 수도 역할을 당당하게 해낸 역사의 고도(古都)가 바로 이스탄불이다. 세계적인 제국의 수도를 두 번이나 해낸 이스탄불은 인류 문화의 역사 도시라 하기에 충분하다. 뿐만 아니라 이스탄불의 자연 환경은 이스탄불을 세계적인 미항(美港)으로 꼽는 데 주저하지 못하도록 한다. 정교하게 다듬어진 듯한 자연의 아름다움 속에 오래 된 문화와 역사가 잘 농축되어 있는 도시가 이스탄불이다.

    흔히 이스탄불을 두고 신과 인간, 자연과 예술이 한데 어우러져 완벽한 작품을 만들어낸 곳이라고 말한다. 이스탄불을 찬미하는 이들은 이스탄불을 로마나 나폴리, 파리, 시드니, 리오 등에 비교하는 것은 잘못이라고 지적한다. 이들 도시를 모두 합쳐도 이스탄불의 지정학적인 가치나 역사적인 중요성, 자연적인 아름다움과 물질적인 풍요에 필적할 수 없다는 것이다. 모두 맞는 말은 아닐지라도 이스탄불이 역사상 얼마나 중요하고 아름다운 도시이며 미항인지를 강조하려는 의도는 충분히 엿볼 수 있다.

이스탄불은 서양의 비잔틴 제국과 동양의 오스만 제국, 두 제국이 한 땅에서 역사를 일구어 나갔기 때문에 동·서 문화의 조화를 한꺼번에 볼 수 있는 도시이다.

로마인들이 세운 비잔틴 제국은 보통 동로마 제국이라고 하는데, 동로마제국은 330~1453년 간 이스탄불을 수도로 하였고, 동로마 제국을 정복한 튀르크인들의 오스만 제국은 1453~1923년까지 이스탄불을 수도로 하였다. 이 때문에 이스탄불 전역에는 비잔틴 제국과 오스만 제국의 흔적이 남아 있으며, 그들이 남겨놓은 궁전, 사원, 성벽, 능묘 등에서 과거와 현재의 역사가 공존하고 있는 것을 확인할 수 있다. 한마디로 이스탄불은 동서(東西), 고금(古今), 성속(聖俗)이 하나 되어 있는 도시이다.

보스포러스 해협은 이스탄불의 호수이자 꽃이다. 보스포러스가 없었더라면 이스탄불이 역사를 만들어나갈 수 있었을까? 보스포러스는 이스탄불에서 제국이 역사를 만들어가는 데 주연 역할을 하였다. 해협의 아름다움은 자연미의 극치를 이루며 보는 사람의 가슴을 뛰게 한다. 이스탄불을 아름다운 도시의 이미지로 만드는 데 보스포러스가 주연이라면, 마르마라 해와 골든 혼은 조연이다. 이스탄불은 인류 역사와 문화의 탐방이라는 것 외에도 이와 같이 자연의 아름다움을 느낄 수 있는 재미가 있다. 이스탄불에는 인류 역사의 문화도 있고, 자연의 아름다움도 있다.

　이 책은 우리에게 새롭게 떠오른 이스탄불의 문화 역사를 일반인이나 학생들에게 소개하기 위해서 만들어졌다. 얼마 전까지만 하더라도 이스탄불은 우리에게 멀리 있었지만, 한국과 터키 양국 간 교역 관계에 종사하는 우리 동포들이 많이 거주하고 활동하면서 가까워지고 있다. 이스탄불을 포함하여 터키 전역에 있는 문화 역사 현장을 보기 위한 한국인 관광객의 터키 방문도 해를 거듭하여 늘고 있다. 인천과 이스탄불 사이에는 직항(直航)도 운행되고 있어 이스탄불만을 찾는 한국인도 많이 늘고 있다.

　이스탄불에는 궁전, 사원, 박물관, 기념탑, 성벽 등이 수를 헤아릴 수 없을 만큼 많다. 이스탄불 역사를 전공하는 사람이 아니고서는 짧은 기간에 이스탄불을 다 본다는 것은 매우 어려운 일이다. 그래서 이 책은 이스탄불의 역사와 문화를 알고자 하는 독자들이 꼭 보아야 할 것만 정선하여 설명하였다. 건축물이나 유적지가 갖는 시대적인 배경이나 역사를 함께 설명함으로써 이스탄불을 찾는 사람들이 문화 유적지를 보면서 문화사적인 차원에서 입체적인 이해가 가능하도록 배려하였다.

　이 책이 한국의 독자들에게 이스탄불의 역사와 문화를 이해하는 데 도움이 되기를 바라며, 한국과 터키 양 국민 간의 이해에도 다소나마 기여하기를 소망해본다.

2005년 2월
이희철

차례

저자의 말 _ 5

1부_두 제국의 땅, 이스탄불

이스탄불 지명 변천사 _ 15

동로마 제국의 땅이 되어버린 콘스탄티노플 _ 22

오스만 제국의 콘스탄티노플 정복 _ 28

오스만 제국 이슬람 시대의 이스탄불 _ 35

문화와 관광의 도시 이스탄불 _ 41

2부_이스탄불의 역사와 문화

제국의 수도 이스탄불 _ 47

톱카프 궁전, 오스만 황제의 궁전 _ 52

금남(禁男)의 구역, 하렘 _ 68

바브 알리, 총리 대신 관저 _ 77

성 소피아 성당, 비잔틴 제국 최대의 걸작 _ 81

푸른 타일의 사원, 술탄 아흐메드 사원 _ 95

히포드럼(경마장) _ 101

터키 이슬람 예술 박물관 _ 108

비잔틴의 지하 저수지 _ 110

비잔틴 모자이크 박물관 _ 115

이스탄불 고고학 박물관 _ 117

귈하네 공원 _ 125

예니 모스크와 쉴레이마니예 모스크_ 127

이집트 시장과 그랜드 바자르 _ 134

카리예 박물관 _ 138

도시 성곽 _ 143

3부_골든 혼의 저편과 위스크다르

도시의 저편, 갈라타와 베이올루 _ 149

고관들의 거리 베이올루 _ 156

오리엔트 특급 열차와 페라 팔라스 호텔 _ 161

이스탄불 시내 중심인 탁심 _ 167

이슬람 성지, 에윕_ 169

이스탄불의 아시아, 위스크다르 _ 171

소나무 숲 참르자 _ 175

수려한 휴양지, 왕자의 섬들 _ 177

4부_보스포러스 해안의 궁전들

유럽풍으로 화려한 돌마바흐체 궁전 _ 183

고독한 술탄들이 사랑한 일드즈 궁전 _ 189

호텔로 변해버린 츠라안 궁전 _ 195

오스만 제국 말기의 여름 별장, 베일레르베이 궁전 _ 198

5부_이스탄불을 아름답게 하는 자연

보스포러스 해협 _ 203

보스포러스 대교 _ 208

골든 혼 _ 209

마르마라 해 _ 211

다르다넬즈 해협 _ 212

흑해 _ 214

비잔틴 제국 황제 연표 _ 216
라틴 제국 황제 연표 _ 218
오스만 제국 술탄 연표 _ 218
찾아보기 _ 219
참고 도서 _ 224

1부
두 제국의 땅, 이스탄불

이스탄불 지명 변천사

1950년대에 미국에서 나온 이스탄불(Istanbul)이라는 노래는 박자가 흥이 나 지금도 가끔 우리 귀에 들린다. 그 노래의 가사는 대충 이렇다.

"이스탄불은 콘스탄티노플이었지. 지금 그곳은 콘스탄티노플이 아닌 이스탄불이야. 콘스탄티노플은 오래 전에 사라졌어. 그곳은 지금 터키 사람들이 달빛 어린 밤을 즐기는 곳이야. 콘스탄티노플의 연인은 지금 콘스탄티노플이 아닌 이스탄불에 살고 있다네. 콘스탄티노플에서 애인을 사귀었다면, 지금 그녀는 아마도 이스탄불에서 당신을 기다리고 있을 거야. 이름이 왜 바뀌었는지는 나도 몰라, 사람들이 그렇게 부르기를 좋아했나봐."

Istanbul was Constantinople.
Now it's Istanbul, not Constantinople.

이 노래는 콘스탄티노플이 이스탄불로 바뀐 것을 익살스럽게 가사로 만들어 부른 것이다. 이 노래의 가사처럼 이스탄불의 이전 이름은 콘스탄티노플이었다. 그러니까 이스탄불과 콘스탄티노플은 이름만 다를 뿐 같은 곳이다. 콘스탄티노플과 이스탄불은 그 이름이 주는 역사의 무게 때문인지 달빛 어린 역사의 잔영(殘影)이 곳곳에 깔려 있을 듯한 예감을 준다.

신과 인간, 자연과 예술이 함께 어우러져 지구상에서 가장 완벽한 작품을 만든 곳, 굵직한 인류 문화와 역사가 곳곳에 서려 있어 정말 볼 만한 곳. 이것이 바로 이스탄불을 위한 가장 적절한 찬사의 말이다.

　이스탄불은 유럽과 아시아를 잇는 독특한 특징을 가진다. 이스탄불의 보스포러스 해협이 아시아 지역과 유럽 지역을 이어주고 있다. 오랫동안 동양과 서양의 문화 예술 종교의 조화로움을 볼 수 있는 곳이다. 카누니 술탄 쉴레이만(1520~1566) 시대에 이스탄불에 부임했던 부스벡 프랑스 대사는 "이스탄불은 세계의 수도가 되기 위해 만들어진 도시"라고 회고한 바 있다. 이 말은 이스탄불이 세계의 수도가 될 만한 지정학적인 조건이 충분하다는 뜻일 것이다. 이스탄불은 비잔틴 제국을 거쳐 오스만 제국에 이르기까지 1,600여 년 동안 세계의 중심 도시로 빛났던 인류 문화의 흔적을 고스란히 담고 있는 세계적인 대도시이다. 뿐만 아니라 고고학, 신학과 관련된 인류 문화의 유적과 유물 또한 풍성하여 세계 역사와 문화를 들여다볼 수 있는 창(窓)과 같은 곳이다.

라고스에서 비잔티움으로

　이스탄불의 가장 오래 된 이름은 '라고스'였다. 현재의 사라이부르누(사라이는 궁전, 부르누는 곳이라는 뜻)에 세워진 라고스라는 도시는 기원전 660년 비잔티움이 이 도시에 세워질 때까지 계속 남게 되었다. 비잔티움 또는 비잔티온이라는 도시의 이름은 이 도시를 세운 사람의 이름인 '비자스'에서 연유한다. 비자스가 이끄는 메가라족은 새로운 거주지를 확보하기 위하여 그리스를 떠나 골든 혼에 있는 사라이부르누에 정착하였다. 그리스의 메가라는 양모 산업으로 번성하였는데, 메가라족은 지중해의 여러 지역에서 식민지를 개척하였다. 그들은 자신들의 족장의 이름을 따서 그들이 개척한 사라이부르누를 비자스 또는 비잔스라고 불렀다. 그리고 그들이 살던 지역을 비잔티움이라고 불렀다. 이곳은 로마 시대의 콘스탄티누스 황제(324~337) 때까지 비잔티움이라 불렀다.

비자스가 택지(擇地)한 사라이부르누 지역, 즉 비잔틴 제국의 구도시가 있었던 이 지역의 지정학적인 중요성과 아름다움에 얽힌 전설이 있다. 비자스는 델포이(그리스인의 종교적 중심지로 신탁의 도시로 유명) 신에게 어디에다 도시를 세우면 좋겠느냐고 신탁을 물었는데, 델포이 도시의 신은 "눈먼 사람들이 사는 반대편"에 세우라고 하였다. 델포이 신이 말했던 "눈먼 사람들이 사는" 곳은 그리스 식민지인 칼케돈(지금의 카드쾨이)이고 '반대편'이란 칼케돈에서 마주 보이는 사라이부르누인데, 델포이 신이 말한 의미는 이렇게 아름다운 사라이부르누 지역을 두고 반대편에 있는 칼케돈에 거주지를 튼 사람은 자연의 아름다움을 보지 못하는 맹인과 같다고 비유한 것이다.

이렇게 해서 이스탄불 최초로 인류가 거주한 역사는 기원전 7세기경 바로 사라이부르누 지역에서 시작되었다. 보스포러스 입구에 위치한 사라이부르누는 흑해로부터 마르마라 해를 지나 에게 해로 지나는 선박을 감시할 수 있는 좋은 위치에 있는 지역이다. 전략적으로 유리한 위치에 있는 점 때문에 비잔티움 사람들은 사라이부르누를 따라 해안에 성곽을 두르고 적의 침입을 막았다. 군사적인 방어력 외에도 이곳은 경제적인 면에서도 매력이 있었다. 비잔티움 사람들은 보스포러스 해협의 통제권을 갖고 이곳을 지나

보스포러스 해협 입구에 위치한 사라이부르누. 이곳은 흑해로부터 마르마라 해를 지나 에게 해로 지나는 선박을 감시할 수 있는 좋은 위치에 있는 지역이다

는 배들에게 통행세를 받았다. 또한 골든 혼과 보스포러스 해협의 물이 만나 마르마라 해로 흘러가는 시작점인 사라이부르누는 배꼽처럼 볼록 나온 곳인데, 흑해에서 마르마라 해로 이동하는 전갱이류 떼가 이 곳에 흘러들어 자연적으로 어류가 수확되는 곳이었다.

비잔티움에서 콘스탄티노플로

콘스탄티누스 황제는 군사는 물론 상업, 경제적 중심지가 된 비잔티움을 수도로 택했다. 그에게 비잔티움은 중요한 상업, 교통의 요지일 뿐 아니라 내외부의 적을 방어하기에 좋은 위치에 있었다. 그리하여 로마 제국의 수도가 로마에서 비잔티움으로 바뀌게 되었다. 콘스탄티누스 황제는 324년에 시작하여 6년 만인 330년에 도시 재건을 완성하고 비잔티움의 이름을 '새 로마'라는 뜻의 '노바 로마'로 하였다. 이제 비잔티움이 제2의 로마가 된 것이다.

콘스탄티노플에서 이스탄불로

그러나 337년 콘스탄티누스 황제가 사망한 후, 그의 이름을 기리기 위해 사람들이 이 도시를 콘스탄티노플(또는 콘스탄티노폴리스)이라고 불렀다. 콘스탄티노폴리스는 그 이름이 길어 단순히 도시라는 뜻을 가진 폴리스라고 불렀다. 그 후 스틴(~로), 스텐(~에서)이라는 접두어를 폴리스 앞에 붙여 '도시로', '도시에서'라는 뜻의 스틴폴리스, 스텐폴리스라고 불렀다. 스틴폴리스는 십자군 원정 때 십자군들이 도시로, 즉 콘스탄티노플로 원정한다는 의미로 사용하였다. 스틴폴리스는 시간이 지나면서 스팀폴, 에스탄불, 에스단불 등으로 불리다가 오스만 제국 시대에 이르러서는 이스탐불, 이스람불, 이스탄불로 변하게 되었다.

이스탄불이 현재의 모습을 갖추는 데 중요한 족적(足跡)을 남긴 사람은 로마 제국의 콘스탄티누스 황제(324~337), 비잔틴 제국의 유스티니아누스 황제(527~565), 오스만 제국의 메흐메드 2세 황제(1444~1446, 1451~1481) 및 쉴레이만 1세 황제(1520~1566)로 네 명을 들 수 있다. 콘스탄티누스 황제는 로마 제국의 수도를 비잔티움으로 천도(遷都)함으로써, 무명의 도시 비잔티

술탄 메흐메드 2세(왼쪽)와 술탄 쉴레이만 1세(오른쪽).

움을 세계 역사 무대의 한가운데로 올려놓았고, 유스티니아누스 황제는 게르만 민족에게 빼앗긴 로마의 영토를 탈환하여 국력을 확장하고 성 소피아 성당을 재건하면서 예술의 부흥에도 힘을 기울여 대제국의 기틀을 확립하였다. 오스만 제국의 메흐메드 2세 황제는 1453년 콘스탄티노플을 함락한 후, 콘스탄티노플을 이스탄불로 개명하고 대대적인 도시의 복원과 정비에 착수함으로써, 약소한 오스만국이 변경 국가에서 제국으로 변천하는 획기적인 기반을 마련해놓았다. 쉴레이만 1세 황제는 동서 정벌을 통해 오스만 제국의 영토를 최대로 이룩해놓았고, 경제적 부를 바탕으로 한 술탄의 절대적인 권위 아래 오스만 제국을 최절정의 황금기로 접어들게 한 인물이었다.

동로마 제국의 땅이 되어버린 콘스탄티노플

　로마 제국은 말기에 이르러 게르만족의 이동과 제국 내부의 경제 파탄 및 부패로 제국의 중앙 집권력이 흔들리기 시작하였고, 쇠퇴의 길로 접어든 로마는 동로마와 서로마로 분리되었다. 395년 로마 제국의 황제 테오도시우스 1세가 죽은 후, 로마 제국의 동부는 장남 아르카디우스가, 서부는 차남 호노리우스가 지배하게 되면서 로마 제국은 동·서로 갈리게 되었다. 3세기에 이르러 침체 국면에서 다시 발전하기 시작한 콘스탄티노플은 흑해 지역에 사람들이 살기 시작하면서 상업이 늘어나게 되었다. 로마 제국의 서편에서 일어나는 정치, 경제의 불안정한 상황과는 반대로 콘스탄티노플은 서서히 발전하기 시작하였다. 로마 제국의 서부, 즉 로마에는 경제적 위기가 닥치게 되었지만, 로마 제국의 동편, 콘스탄티노플은 경제적, 정치적으로 강해지고 있었다. 결국 서부 로마는 476년에 멸망하게 되었다.

　역사가들은 테오도시우스 1세가 죽은 395년부터 로물루스 아우구스툴루스를 마지막으로 게르만 용병 대장 오도아케르에게 서부 로마가 멸망한 476년까지의 81년 간을 서로마 제국이라 부르고 있고, 동쪽에 있던 콘스탄티노플은 서로마 제국에 대칭한 개념으로 동로마 제국으로 불렀다. 동로마 제국은 395년부터 콘스탄티누스 11세를 마지막으로 오스만 제국에 의해 수도가 함락된 1453년까지 1,058년 간 존속하였다.

비잔틴 시대 성곽 일부.

서로마 제국(395~476) : 로물루스 아우구스툴루스를 마지막으로 게르만 용병 대장 오도아케르에게 멸망.

동로마 제국(395~1453) : 콘스탄티누스 11세를 마지막으로 오스만 제국에게 멸망.

비잔틴 제국을 동로마 제국이라고도 부른다. 비잔틴 제국은 로마 제국의 상속자라고 할 수 있다. 동로마 제국을 비잔틴 제국이라고 부르는 이유 중에는 동로마가 로마의 나라가 아니고, 그리스의 나라라는 의미가 들어 있기 때문이다. 비잔틴이라는 말은 앞에서 설명한 그리스인 메가라족의 지도자인 비자스에서 연유하기 때문이다. 서부 로마는 라틴어를 공용어로 사용하고 있었고, 동부 로마는 그리스어를 공용어로 사용하고 있었다. 476년에 서로마가 멸망한 뒤 동로마가 서로마의 정통성을 이어나갔다. 그러나 동로마 제국은 그리스어와 그리스 전통이 강한 지역이었으므로 라틴어를 모국어로 사용한 최후의 황제인 유스티니아누스가 사망한 565년 이후에는 그리스어만이 사용되었다. 그리스도교화된 그리스인들에 의한 로마 제국이 이루어진 것이다. 비잔틴 제국은 로마 제국의 정치 제도를 유지하였지만, 공식 용어가 라틴어에서 그리스어로 바뀌면서 점차 그리스도교 제국으로 변모해갔다.

통념상 로마 역사의 시간적 범위는 기원전 753년부터 기원후 476년까지의 1,229년 간이다. 그러나 그리스화된 비잔틴 시대를 어떻게 정할 것인지에 대해 여러 가지 설이 있다. 콘스탄티노플이 축성되고, 이 도시가 제국의 행정과 정치의 중심이 된 콘스탄티누스 대제부터 보는 견해도 있고, 동로마 제국이 완전히 그리스화된 유스티니아누스 황제부터라고 보는 견해 등 역사학자들 간의 의견이 일치되지 않고 있다. 일반적으로 로마 제국의 상속자이자 최초의 그리스도교 국가인 비잔틴 제국은 로마 제국의 수도를 비잔티움으로 천도한 330년부터 오스만 제국에 의해 패망한 1453년까지의 1,123년 간이라고 보고 있다.

비잔틴 제국의 황제가 강력한 관료적 지배와 군사적 통치권을 강화함으로써 절대적 지배권을 확립하자 정치 경제 문화 등 모든 면에서 명실상부한 전성기를 구가하면서, 콘스탄티노플은 9세기에 세계 최대의 도시로 성장하였다. 그런데 이 같은 비잔틴 제국의 전성기에 제동을 건 것은 11세기

비잔틴 제국 분열 당시 지도.

말 튀르크계인 셀주크 제국이었다. 11세기 들어 이란 지역을 중심으로 튀르크계 셀주크 제국이 아나톨리아의 동부 국경을 넘어 침범하였고, 비잔틴 제국의 로마누스 4세 황제가 이끄는 군대는 1071년 말라즈기르트(현 반호수 북쪽) 전투에서 동방의 새로운 강적 셀주크 군대에 대패하였다. 이것은 비잔틴 제국에게는 치명적인 것이었다. 이 전쟁에서 대패한 비잔틴 제국은 이후 다시는 군사적으로 회복하지 못하는 불운을 맞이하였다.

말라즈기르트 전투에서 비잔틴 제국의 군대가 아나톨리아 동쪽에 위치한 셀주크 군대에 대패하여 힘의 약세화가 확인되자, 중앙아시아 일대 지역에 있던 튀르크계 유목민들이 아나톨리아에 대규모로 유입하여 정착하게 되었다. 그 후 아나톨리아는 이슬람을 받아들인 튀르크계 유목민들로 인해 점차 튀르크화되는 중요한 계기를 마련하였다. 세력을 신장한 셀주크 제국은 비잔티움의 영내까지 진출하고 비잔티움의 수도 콘스탄티노플을 계속 위협하였다.

비잔틴 제국이 셀주크 군대에 대패한 데 이어, 비잔틴 제국의 운명에 심각한 타격을 가한 것은 바로 서방에서 온 십자군이었다. 설상가상이었다. 비잔틴 제국은 기독교 국가인 베네치아, 제노아 등 이탈리아 도시 국가들의 위협과 십자군 원정으로 시달리면서 위기에 빠지게 되었다. 이슬람 교도인 셀주크 튀르크 군이 그리스교의 성지인 예루살렘을 정복하고 영토를 확대해나가고, 이것이 비잔틴 제국에 위협으로 다가오자, 비잔틴 황제가 로마 교황에게 도움을 요청하여 십자군의 원정이 시작되었다.

동서로 분리된 교회를 통합하는 기회로 삼고자 한 교황이 종교 회의를 열어 '성지 회복'을 선언하자 장도에 나서게 된 십자군들은 성지 탈환이라는 본래의 목적을 벗어나 비잔틴 제국 곳곳을 파괴하고 약탈하였다. 십자군들이 콘스탄티노플에 가한 타격은 1204년 제4차 원정이 결정적이었다. 십자군들은 콘스탄티노플을 파괴하고 약탈하였다. 십자군과의 전쟁으로 국력이 약화된 셀주크 제국이 아나톨리아 중앙부로 후퇴하자, 아나톨리아 동부에는 셀주크 제국이, 콘스탄티노플에는 십자군이 점령하여 세운 라틴 제국이, 셀주크 제국과 라틴 제국의 중간에는 콘스탄티노플을 빠져나온 비잔틴 제국의 테오도루스 1세가 니케아(현 이즈닉)를 수도로 세운 니케아 왕조 등이 잠시 병립하게 되었다.

이즈음 튀르크계 셀주크 제국도 1243년 쾨세다으 전투에서 동쪽에서 서진해온 몽골군에 대패한 후, 계속되는 몽골군의 침입으로 셀주크 제국의 세력은 극도로 약화되었고, 결국 비잔티움의 콘스탄티노플을 노리던 셀주크 왕조는 1308년 이란의 몽골계 일한국에 병합되고 말았다. 아나톨리아에서 강성한 셀주크 제국이 그 힘을 잃어버리자 이를 이용하여 아나톨리아에는 수많은 튀르크계 부족국이 등장하였다. 튀르크계 셀주크 제국의 뒤를 이은 오스만 제국의 시조인 오스만 부족국도 많은 부족국 중 하나였다.

비잔틴 제국의 콘스탄티노플 재탈환은 1261년에 가서야 이루어졌다. 니케아 왕조의 미카일 8세가 콘스탄티노플을 탈환한 덕분이었다. 그러나 비잔틴 제국은 이제 지방의 소왕국처럼 전락하여 보스포러스 해협, 마르마라 해, 다르다넬즈 해협의 양쪽 해안 지방에 불과한 영토만을 유지하는 소국으로 전락하였다. 비잔틴 제국의 유스티니아누스 1세(527~565)가 6세기에 지중해를 로마의 호수로 회복하고 〈로마 대법전〉을 편찬한 대업(大業)은 과거의 영광으로만 남게 될 뿐이었다. 쇠약해진 콘스탄티노플은 튀르크계 오스만 제국의 군사에게 1453년 5월 함락되어 그 역사를 마감하게 되었다.

비잔틴 제국은 발칸 지역, 아나톨리아 지역, 북부 이탈리아 지역에서 1,000여 년 간에 걸쳐 음악, 미술, 건축 분야에 그리스도교를 기초로 하여 빛나는 문화권을 형성하였다. 비잔티움의 문화와 예술은 특히 궁정과 교회를 바탕으로 발달하였다. 유스티니아누스 황제가 세운 이스탄불의 성 소피아 성당은 비잔틴 건축의 특징을 가장 훌륭하게 표현하고 있는 비잔틴 제국 건축물의 대표적인 수작으로 꼽힌다.

오스만 제국의 콘스탄티노플 정복

비잔틴 제국의 국경 부근인 부르사 근처에서 1299년에 발흥한 오스만 부족국은 비잔틴 제국을 정복하기 위해 기회를 노리고 있었다. 오스만 제국의 제7대 술탄인 메흐메드 2세(1444~1446, 1451~1481)는 콘스탄티노플 도시 정복을 제1의 목표로 삼았다. 그는 콘스탄티노플을 정복하지 못하고는 오스만 소국이 세계 제국이 될 수 없다고 판단하고, 성전의 목표를 선조들의 시도에도 불구하고 끝내 정복하지 못한 콘스탄티노플에 두었다. 오스만 군대가 비잔틴 궁전 성문에 도착한 지 54일 만인 1453년 5월 29일 화요일 이른 시간에 오스만 군대의 마지막 공격이 감행되었고, 비잔틴 궁전의 성문이 무너지면서 콘스탄티노플이 함락되고 비잔틴 제국은 멸망하였다. 오스만 군대는 비잔틴 제국의 성문에 있는 비잔틴의 상징인 '쌍두 독수리 기'를 내리고 '초승달 기'를 걸었다.

비잔틴 제국의 콘스탄티노플 함락과 오스만의 이스탄불 정복은 한순간에 일어난 대역사였다. 수세기에 걸친 저항 끝에 제2의 로마가 이슬람 세력인 오스만 제국에 의해 몰락된 사건은 유럽인들에게는 중세의 종말과도 같은 상황이었다. 그러나 오스만 튀르크인들에게는 천년의 고도이면서 이교도의 중심지를 차지한 것은 유럽으로 향한 정복 야심의 구체적인 시작이었다.

콘스탄티노플을 정복한 메흐메드 2세. 콘스탄티노플 정복 이후에도 오스만족의 영토 확장은 계속되어, 오스만 제국이 다음 4세기 동안 흥성하고 존속할 수 있는 탄탄한 기반을 마련하였다.

메흐메드 2세는 1451년 황제 즉위 후 동로마 제국의 수도 콘스탄티노플 정복 사업에 착수하였다. 이를 위해 먼저 1452년 보스포러스 해협의 한쪽에 루멜리 성을 축조하였다. 그런데 이미 1390년에 바예지드 1세도 콘스탄티노플 점령을 위해 루멜리 성 반대편에 아나돌루 성을 만들어놓은 상황이었다. 루멜리 성이나 아나돌루 성은 흑해로부터 콘스탄티노플로 들어오는 배를 막을 수 있는 전략적인 길목과 같은 역할을 하였다.

오스만 군대에게는 난공불락인 콘스탄티노플의 성벽이 문제였다. 제한된 수의 대포로는 철옹 같은 성벽을 부수기가 어려웠다. 큰 대포라 해도 기껏해야 하루에 일곱 차례만 발사할 수 있었다. 오스만 군대가 낮에 콘스탄티노플의 성벽을 대포로 겨우 부수면 비잔틴 군대는 밤 사이에 이를 복구해놓았고, 이러한 상황을 보면서 오스만 군대는 크게 당황할 수밖에 없었다. 이때 헝가리인 오르반의 등장은 오스만 군대가 콘스탄티노플 성벽을 공격하는 데 결정적인 역할을 하였다. 오르반은 대포를 팔기 위해 먼저 비잔틴 황제에게 돈만 준다면 대포를 만들어주겠다고 제의했으나, 비잔틴 황제가 돈을 댈 능력이 없다는 것을 알고 오스만 황제에게 접근하였다. 오스만 황제에게 기회가 온 것이다. 오스만 제국의 술탄(터키어로 황제라는 뜻) 메호메드는 이를 즉시 수락하고, 오르반이 만든 대포를 에디르네에서 시험 발사한 후 그에게 대형 대포를 만들도록 하였다.

메호메드 2세의 콘스탄티노플 정복 사업은 1453년 4월 6일부터 시작되었다. 그는 톱카프 성문 앞에 야전 막사를 설치하고, 골든 혼 만(灣)으로부터 마르마라 해 쪽으로 콘스탄티노플을 포위해나가려고 하였다. 4월 6일과 7일 사이에 처음으로 오스만 제국 군대의 대포가 콘스탄티노플 성문을 향해 발사되었다. 에디르네카프 쪽 성벽 일부가 파괴되자 오스만 군대는 골든 혼 내륙 진입에 성공할 수 있었다. 메호메드 2세 황제는 비잔틴 제국의 황제에게 무조건 항복을 제의했으나, 비잔틴 황제가 이를 거절하자 4월 11일 오스만 군대의 본격적인 대포 발사가 개시되었다. 이 공격으로 콘스탄티노플의 성벽이 많이 파괴되는 등 오스만 군대의 상황은 낙관적이었다.

비잔틴 제국이 오스만 제국의 배가 진입하지 못하도록 골든 혼 만에 내려놓은 철퇴를 묘사한 그림. 이 철퇴는 이스탄불 고고학 박물관에 묘사되어 있다.

그러던 4월 20일 교황이 보낸 무기와 식량을 실은 비잔틴 전함과의 해상전에서 패하자, 비잔틴 황제는 이를 계기로 화평을 제의했으나, 오스만 황제는 이를 단호히 거절하고 대포 공격을 계속하였다.

그러나 오스만 군대에게는 큰 걸림돌이 버티고 있었다. 콘스탄티노플의 이중 성벽을 공격하기 위해서는 골든 혼으로 배가 들어가야 하는데, 골든 혼의 입구가 막힌 것이다. 비잔틴 제국은 골든 혼 입구에 철퇴를 걸어놓아 오스만 제국의 배가 진입하는 것을 막았기 때문에 보스포러스 해안에서 골

오스만 제국의 메흐메드 2세 술탄의 콘스탄티노플 함락 작전도. 1 : 비잔틴 제국이 골든 혼 입구에 설치한 철퇴. 2 : 육상으로 이동시킨 오스만 전함. 3 : 메흐메드 황제 군대의 진지와 대포.

든 혼으로 들어가는 것이 불가능하였다. 이때 메흐메드 황제는 놀라운 공격 전략을 구상해내었다. 현재의 돌마바흐체 궁전 앞에 정박해 있는 전함을 육상으로 이동시켜 골든 혼에 내려놓고 그곳에서 공격을 감행한다는 것이었다. 콘스탄티노플을 포위하기 위해서는 오스만 전함을 골든 혼에 배치하여, 내륙으로 병사를 투입해야 한다는 판단 때문이었다. 이를 위해 톱하네에서 카슴파샤에 이르는 구릉에 반들반들하게 기름이 칠해진 둥근 목재를 깔고, 한밤중 어둠을 틈타 미끄러운 둥근 목재 위에 올려진 70여 척의 배를 병사들이 밀고 밀어 골든 혼에 내려놓았다. 배가 물을 이용해 이동한 것이 아니라, 구릉을 통해 이동한 것이다. 드디어 골든 혼에 오스만의 배들이 뜨게 된 것이다. 4월 22일 비잔틴 군대는 오스만 제국의 소형 전함들이 언덕을 넘어 골든 혼에 내려온 것을 보고 아연실색하고 공포에 떨게 되었다.

오스만 군대의 공격이 계속되는 가운데 4월 28일 오스만 황제는 비잔틴 황제에게 무조건 항복할 것을 제의하였다. 항복만 한다면 비잔틴 황제의 피신처는 제공해주고, 백성들의 생명과 재산은 보장된다고 하였다. 그러나 비잔틴 황제는 이를 즉각 거절하였다. 오스만 군대의 승리의 기운이 감돌고 있을 즈음, 5월 25일 오스만 황제는 마지막으로 비잔틴 황제에게 항복할 것을 요구했다. 비잔틴 황제는 패망이 눈앞에 다가왔음을 느끼면서도 이를 단호히 거절했다.

5월 27일 오스만 군대의 일제 공격이 시작되었다. 오스만 군대의 마지막 공격이 5월 28일 밤에 이루어졌다. 마지막 일제 공격을 앞두고 오스만 황제는 병사들의 사기를 북돋워주면서 밤이 오기만을 기다렸다. 오스만 군대가 마지막 공격 준비를 갖추고 있을 때, 비잔틴 제국의 성 소피아 성당에서는 오스만의 공격에 맞서 콘스탄티노플을 지키자는 예배 의식이 열렸다. 이것은 콘스탄티노플에서 있었던 마지막 예배 의식이 되었다. 두려움이 감도는 폭풍 전야였다. 오스만의 군대는 공격 준비를 하고 있는 반면, 비잔틴의 군대는 방어 태세를 갖추었다. 콘스탄티노플의 시민들은 성 소피아 성당으로 피신하였다.

오스만 군대는 군악대의 큰 북 소리를 따라 야밤에 마지막 총공세를 감행하였다. 130개 포와 15만 명의 군사로 구성된 병력이 메흐메드 2세 술탄의 지휘 아래 콘스탄티노플 성문 앞에 배치되었고, 비잔틴 군대는 병사 8만 명과 시민 2만 명이 전투에 참가하였다. 오스만 제국의 병사들이 이끄는 대포가 콘스탄티노플 도시의 성벽을 향해 불을 뿜어댔다. 대포의 무서운 파괴력으로 난공불락의 콘스탄티노플이 함락되었다. 비잔틴 제국의 마지막 황제인 콘스탄티누스 11세는 거리 전투에서 용감하게 싸우던 중 사망하였다. 5월 29일 정오에 메흐메드 황제는 자랑스러운 모습으로 콘스탄티노플 도시에 입성하였고, 비잔틴 제국의 상징인 성 소피아 성당도 오스만 황제의 손에 들어가게 되었다. 오스만 제국의 군대가 승리하는 데는 철옹벽 같은 성벽을 파괴할 수 있는 대포가 큰 역할을 하였다.

메흐메드 2세가 콘스탄티노플을 정복한 후, 성전 관례에 따라 병사들에게 3일 간의 약탈을 허용하였다. 메흐메드 황제는 베야즈트의 소방 관제탑이 있는 지역에 궁전을 지었으나, 얼마 안 있다가 콘스탄티노플의 성채가 있던 자리에 톱카프 궁전을 지었다. 그는 1470년에 규모상 성 소피아 성당과 맞먹는 파티흐 사원을 세우고 콘스탄티노플을 새로운 무슬림의 도시로 만드는 데 진력하였다. 소아시아와 트레이스 반도에 살던 튀르크인, 그리스인, 아르메니아인들을 이스탄불로 이주시켰고, 스페인에서 박해받던 유대인들도 받아들여 이스탄불을 다민족 도시로 만들었다.

콘스탄티노플을 점령한 메흐메드 2세는 1458년에 에디르네에서 콘스탄티노플로 천도하고 도시 이름도 이스탄불로 개칭하였다. 이제 오스만국은 제국으로 한 발, 한 발 커나가게 되었다. 보스포러스 해협과 에게 해를 오스만 제국의 통제하에 넣은 메흐메드 2세는 흑해 연안의 도시를 장악하고 흑해를 오스만 제국의 내해로 만들었다. 그의 재위 30년 동안 영토 확장을 위한 정복 사업은 끊임없이 계속되었다. 그는 오스만 제국이 다음 4세기 동안 흥성하고 존속할 수 있는 탄탄한 기반을 마련하였다.

오스만 제국 이슬람 시대의 이스탄불

오스만 제국의 황금기는 쉴레이만 황제(1520~1566) 시기였다. 그의 시기에 오스만 제국은 제국의 영토를 최대로 확장시켰고 국가 재정의 증가로 경제적인 풍요로움을 누렸다. 쉴레이만 황제 때 제국의 판도는 최대가 되어 서쪽으로는 헝가리, 오스트리아, 동쪽으로는 메소포타미아, 시리아, 남쪽으로는 이집트, 알제리, 튀니지에 이르게 되었다. 그는 지중해 해상권을 장악하고 메카와 메디나를 장악함으로써 아프리카에서 인도에 이르는 모든 무슬림은 오스만 제국을 이슬람 세계의 수장국으로 인정하게 되었다.

오스만 제국은 건국 초부터 쉴레이만 황제 시대까지 오로지 영토 확장에만 주력해왔다. 건국 후 300년이 채 안 되어 제국은 모든 면에서 팽창될 대로 팽창되었다. 그러나 내부의 많은 문제점들이 영토 확장 과정에서 소홀히 되었다. 오스만 제국의 영토를 키워나가는 데 공헌한 예니체리 부대가 부패하기 시작하였고, 예니체리와 공생하는 관리들의 부패도 노골화되었다. 이 시기에 이르러 오스만 제국의 황제들은 출정에 나서지 않고 궁중에 있는 하렘의 여인들과 지내는 시간이 많게 되었다. 오스만 제국의 쇠퇴는 오스만 제국의 최대 전성기와 함께 시작되었다.

술탄 셀림 3세(1789~1807) 이후 쇠퇴해가는 오스만 제국을 구하기 위해 서양의 제도를 도입하고 황제의 절대적 권한을 제한하려는 움직임이 일어

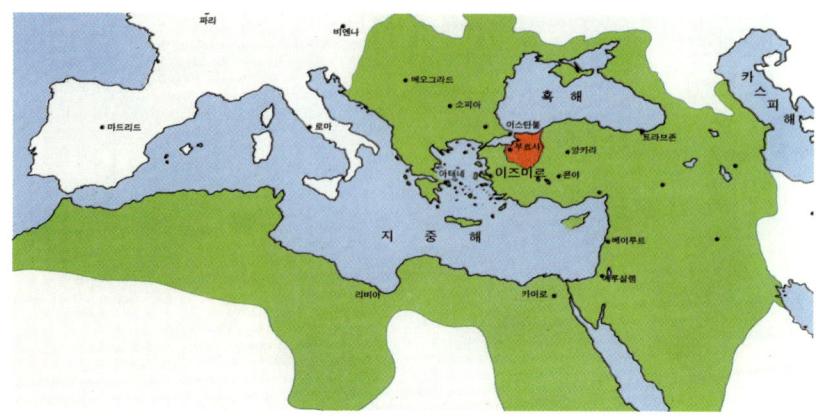

최대의 영토를 가졌던 16세기 오스만 제국의 지도. 초록색은 유럽, 중동, 아프리카로 확장된 오스만 제국의 영토를 나타낸 것이며, 붉은색은 오스만 부족국을 나타낸 것이다.

나기 시작하였다. 이러한 개혁의 움직임은 1826년 예니체리라는 구식 근위 보병대를 해체하고 서구식 장비와 훈련 체계를 갖춘 신식 군대를 조직한 때부터 시작되었다. 압둘메지드 1세(1839~1861)와 압둘아지즈(1861~1876) 시대에 걸쳐 '탄지마트'라고 불리는 대대적인 개혁이 일어났다. 이 시기에 세제, 교육, 법률 등 많은 부문에서 개혁이 이루어졌다.

서구의 압력에 의한 개혁이 진행되는 가운데, 술탄의 전제 정치에 반대하고 유럽의 자유 사상을 도입하여 입헌 정부를 수립하려는 움직임을 주도하는 사람들이 생기게 되었다. 역사에서는 이들을 '청년터키당'이라고 부른다. 그들은 대부분 불어를 아는 오스만 엘리트 가문 출신으로 술탄을 독재자로 단정하고, 술탄을 폐위하여 왕정을 중단시키고 입헌 정부를 수립하려 하였다. 그리하여 1876년 12월 압둘하미드 2세 시대에 최초의 오스만 제국 헌법이 공포되었다.

최초의 헌법에 따라 의회가 소집되었으나, 새로운 개혁에 익숙하지 못한 술탄은 1878년 헌정 체제를 정지시켰다. 압둘하미드 술탄의 헌정 체제 정지에 맞선 저항 세력은 헌정 복귀를 요구하게 되었고, 힘이 약해진 술탄은 어쩔 수 없이 1908년 7월 헌정 체제로 복귀하였다. 오스만 제국의 내부에서는 새로운 개혁의 요구가 거세게 몰아쳐 술탄의 권한을 무력화하고 있었고, 두 차례에 걸친 발칸 전쟁의 대패로 오스만 제국은 바람 앞의 등불과 같은 처지가 되었다.

제1차 세계대전에서 오스만 제국은 독일 편에 서서 싸웠으나, 독일이 패전하자 1918년 11월 연합국과 독일 사이에 휴전 협정이 체결되었고, 전후 처리를 위한 파리 강화 회의가 1918년 1월부터 시작되었다. 1920년 5월 연합국이 오스만 제국 조정에 전달한 평화 조약에 따라, 이스탄불 주위의 영토를 제외한 유럽 영토는 오스만 제국으로부터 완전히 떨어져나갔고, 영국, 프랑스, 이탈리아, 그리스 등 연합국은 아나톨리아 영토를 분할하여 점령하는 세브르 조약을 1920년 8월 오스만 조정의 메흐메드 6세 황제와 체결하였다. 오스만 제국의 주권을 반식민지 상태로 제한하는 세브르 조약은 오스만 제국에게는 매우 굴욕적인 것이었다.

터키 공화국의 국부(國父: 터키어로는 아타튀르크라 함)라 불리는 무스타파 케말은 오스만 제국 말기의 암울한 상황에서 등장하게 되었다. 그는 오스만 제국의 패색이 짙어갈 무렵, 열강들에 의한 영토 점령에 반대하고 독립 국가를 수립하기 위한 민족적 저항 운동을 주도해나갔다. 1921년 7월 아나톨리아 중앙부로 공격해온 그리스 군대를 무스타파 케말이 이끄는 군대가 대패시키고 연합군과 터키 사이에 휴전 조약이 체결되자, 다른 연합

터키 공화국의 국부, 무스타파 케말 아타튀르크(1881~1938). 그는 1923년에 터키 공화국을 선포하면서 초대 대통령이 되었고, 종래의 이슬람 전통을 크게 탈피한 서구식 근대화 개혁 작업을 급진적으로 추진하였다. 터키 국민의 정신적 지주인 아타튀르크는 1938년 이스탄불의 돌마바흐체 궁전에서 57세의 일생을 마쳤다.

군 군대는 아나톨리아 영토에서 스스로 빠져나갔다. 1923년 로잔 평화 조약에 따라, 터키 공화국은 제1차 세계대전 전승국으로부터 공식 국가 승인을 받게 되었고, 10월 29일에는 터키 국회에 의해 터키 공화국이 공식으로 선포되었다.

터키 공화국의 선포로 이스탄불은 제국의 수도라는 영광의 자리를 내륙에 있는 앙카라에 빼앗기고 말았다. 무스타파 케말이 1923년 10월 앙카라를 수도로 천명하였기 때문이다. 아름다운 이스탄불을 마다하고 그가 앙카라를 수도로 선택한 데는 두 가지 이유가 있었다. 첫 번째는 아타튀르크가 연합국의 아나톨리아 강점에 대항하여 구국(救國) 전쟁을 할 때 이스탄불에 있던 술탄 정부가 그를 제거하려는 시도 때문이었다. 그가 구국 전쟁을 주도할 때 이스탄불에서는 오스만 제국의 마지막 술탄인 메흐메드 6세가 통치하고 있었다. 이스탄불의 술탄 정부는 외세의 압력으로 힘은 거의 쇠진해 있었지만, 왕정 폐지를 주장하는 구국 저항 운동에 반대하고 있었다. 두 번째는 군사적인 방어 면에서 이스탄불보다는 앙카라가 보다 안전하다고 생각했기 때문이다. 이스탄불에 있는 보스포러스 해협과 다르다넬즈 해협은 폭이 좁아 해상 공격에 대한 방어력은 우수하지만 지상 공격에는 매우 취약하였다. 이스탄불 지역에는 큰 산이 없기 때문에 내륙으로부터 공격이 있을 경우 방어력이 취약할 수밖에 없었다. 그가 탄생시킨 신생 터키 공화국을 위해서는 이 같은 고려는 아주 중요하였다.

오스만 제국은 수도 이스탄불을 중심으로 정치, 군사적으로 영토를 확장해나가면서 제국의 영광과 치욕의 역사를 함께 기록하였지만, 다른 한편으로는 이슬람 신앙과 정신을 바탕으로 한 수준 높은 문화도 일구어냈다. 그들이 남긴 대표적인 문화 유산은 단연 이스탄불에 있는 수많은 이슬람 사원과 궁전이다. 이스탄불의 이슬람 사원과 궁전, 별장 등은 오스만 제국의 건축 예술을 보여주는 훌륭한 건축물이다. 돔을 이용하여 아름다운 외양으로 지어진 이슬람 사원은 터키인들의 사회 생활이나 종교 생활을 볼 수 있는 건축물이고, 톱카프 궁전 같은 대궁전이나 보스포러스 연안의 별장은 오스만 제국이 처했던 시대 배경이나 지도자들의 시대 정신을 엿볼 수 있는 건축물이라 할 수 있다.

이스탄불 전역에 다양한 건축물들이 들어서면서, 오스만 제국의 터키인들은 타일, 자기, 카펫, 미술 등 건축과 관련한 장식 예술 분야도 발전시켰다. 특히 중국의 원, 명나라의 영향을 받아 타일이나 자기의 제작이 발달하여 푸른색과 흰색이 조화된 타일이나 자기 등이 거의 모든 건축물에 사용되었고, 바닥이나 벽 장식을 위해 만들어진 카펫도 다양한 문양으로 만들어져 사용되었다. 이스탄불에 널려 있는 건축물들은 이스탄불의 역사이자 문화이다.

문화와 관광의 도시 이스탄불

이스탄불은 면적이 5,196㎢로 1,100만 명의 인구를 가진 대도시이다. 역사학자 토인비가 이스탄불을 두고 "인류 문명이 살아 있는 거대한 옥외 박물관"이라고 말한 것처럼 이곳에는 역사의 때가 묻어 있는 박물관, 교회, 궁전, 사원, 시장이 아름다운 자연 경관과 함께 자리하고 있다. 500여 개가 넘는 사원은 낮에는 푸른 하늘을, 밤에는 반짝이며 아른거리는 불빛을 배경으로 인류 문화 도시의 풍경을 만들고 있다. 또 골든 혼 만과 마르마라 해 그리고 해안 성벽으로 둘러싸인 구도시는 이스탄불이 한때 역사의 중심지였음을 확실하게 보여주고 있다. 외견상 이스탄불은 이슬람의 상징인 모스크로 채워져 있는 것처럼 보인다. 그러나 이스탄불은 비잔틴 제국을 빼놓고서는 그 진면목을 감상할 수가 없다. 비잔틴 제국 시대에 이스탄불은 그리스도교의 총본산이었기 때문이다.

이 땅에서는 과거부터 다양한 민족이 살면서 문화를 일구어왔기에 다양한 종교가 공존해왔다. 인류 미래학자 헌팅턴은 이슬람과 기독교 간 문화의 충돌을 예언했지만, 다양한 민족과 종교가 공존하는 이스탄불은 문화의 충돌보다는 관용과 포용도 얼마든지 가능함을 보여주고 있다. 이스탄불에서는 정통 이슬람 외에도 그리스도교, 유대교가 조화롭게 공존하고 있다.

이스탄불을 둘러싼 종교의 공존과 문화의 포용은 오늘날 많은 이들로

아름다운 보스포러스 해협과 마르마라 해를 끼고 있는 이스탄불은 세계적인 미항이자 세계적인 관광 도시이다.

하여금 이스탄불을 찾게 만들었다. 뿐만 아니라 인류 역사상 고귀한 문화 유적물을 많이 간직하고 있기에 큰 거리나 골목 어디를 가도 과거로부터 현재까지 이어지는 역사의 산물을 수도 없이 만나게 된다. 아름다운 보스포러스 해협과 마르마라 해를 끼고 있는 이스탄불은 세계적인 미항이자 세계적인 관광 도시이다. 이스탄불에서 숨 쉬고 있는 동양과 서양의 문화를 맛보고 그 신비를 체험하기 위해 세계인들이 이스탄불을 찾고 있다. 이스탄불은 문화 역사를 연구하는 전문가는 물론 일반 관광객들에게 좋은 볼 거리를 제공하는 도시다. 구도시에 볼 만한 유적지가 잔뜩 몰려 있는 것도 관광객들에게는 여간 편리한 일이 아니다. 서양을 지배했다는 오스만 제국의 역사 때문에 서양의 역사에서는 이스탄불과 관련한 역사를 균형 있게 설명하지 않았다. 그러나 이제 이스탄불은 유럽인들에게 빼놓을 수 없는 관광지가 되었을 뿐만 아니라, 동양인들에게도 도시가 갖고 있는 자연 경관의 아름다움과 문화의 다양함 때문에 매력적인 도시가 되었다.

　이스탄불이 문화와 역사의 중심지였다는 사실 외에도 무역과 상업의 중심지였다는 것도 간과할 수 없다. 사방으로 교통이 연결되는 편리함 때문에 이스탄불에서는 무역과 상업이 항상 번성하였다. 이런 까닭에 역사, 문화, 관광의 도시인 이스탄불은 터키에서 제1의 경제 중심지이다. 터키 국민 총생산액 중 20% 이상을 이스탄불이 만들어내고 있고, 터키 전체 수출, 수입액 중 각각 40% 이상을 이스탄불이 점유하고 있다. 이스탄불 시민의 1인당 국민소득은 터키 국민의 1인당 평균 소득의 두 배가 넘는다. 세계적인 기업의 대부분이 이스탄불에서 활동하고 있고 우리나라의 경우도 마찬가지다. 크고 작은 많은 기업체들이 이스탄불에서 활동하고 있으며, 따라서 터키에 거주하는 한국인들의 대부분이 이스탄불에 거주하고 있다. 이스탄불을 보면 터키의 밝은 미래가 보인다고 할 만큼 이스탄불이 보여주는 역동적이고 활기찬 모습은 터키의 발전 가능성에 대한 기대를 더하게 한다. 국제교류의 거점으로서의 이스탄불은 터키의 앞날을 점치기에도 충분한 역할을 하고 있다.

2부
이스탄불의 역사와 문화

제국의 수도 이스탄불

이스탄불을 제국의 수도라고 한다. 우리가 보통 비잔틴 제국이라 부르는 동로마 제국이 330년부터 1453년까지 이곳을 수도로 삼아 번창했고, 그 뒤를 이은 오스만 제국도 1453년부터 1923년까지 이곳을 수도로 삼았다. 1,600여 년 간 두 제국의 수도를 지낸 곳이 바로 이스탄불이다. 그래서 이스탄불에는 로마인과 그리스인들에 의한 비잔틴 제국과 터키인들에 의한 오스만 제국의 숨결이 남아 있다. 콘스탄티노플과 이스탄불, 역사의 정기가 듬뿍 남아 있는 듯한 이름이다. 콘스탄티노플이 과거라면, 이스탄불은 현재다. 과거와 현재 속에 동서(東西), 고금(古今), 성속(聖俗)이 함께 자리하고 있다. 이스탄불에 널려 있는 궁전, 이슬람 사원, 능묘, 성벽, 수도원 등에서 우리는 동서, 고금, 성속을 함께 느낄 수 있다. 이스탄불은 유네스코가 지정한 인류의 자연 문화 유산이다.

이스탄불은 터키 제1의 도시이다. 수도 앙카라가 정치의 중심이라면, 이스탄불은 경제 문화 관광의 중심이다. 수도가 아니면서 과거 제국의 수도였고 경제 문화 관광의 중심지라는 것 때문에 수도 대접을 받고 있는 곳이 이스탄불이다. 보스포러스 해협에 세워진 두 개의 대교는 아시아와 유럽을 연결해주고 있는데, 해협 양안의 건축물과 함께 푸른 해협의 물과 하늘을 배경으로 만들어내는 우아한 모습이 서로 잘 어울린다.

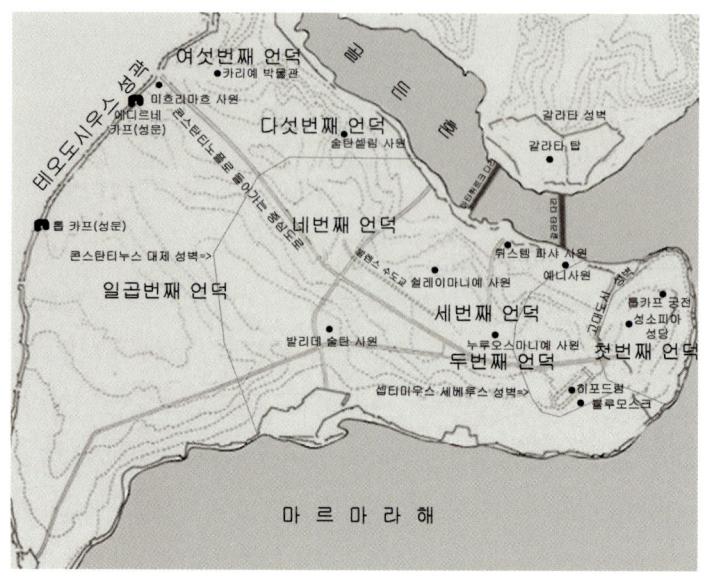
이스탄불 구도시에 있는 일곱 개 언덕.

    이스탄불에는 비잔틴 제국과 오스만 제국 때 세워진 건축물이 많이 남아 있다. 비잔틴 제국과 오스만 제국의 수도였던 이스탄불에는 화려했던 도시의 옛 영화(榮華)를 엿볼 수 있는 유적지와 건축물이 곳곳에 산재해 있다. 이스탄불은 터키 문화 역사 여행의 기점이자 중심지이다. 주요 건축물은 로마를 모방하여 일곱 개의 언덕에 세워졌다. 일곱 개 언덕은 비잔틴 제국의 역사를 연구하던 프랑스 학자 피에르 기이(1490~1555)가 이름 지은 것이다. 그가 명명한 일곱 개 언덕에 있는 주요 유적지는 이렇다. 첫 번째 언덕은 비잔틴 제국의 성채가 있는 곳으로 톱카프 궁전과 성 소피아 성당이 있다. 두 번째 언덕에는 바로크 형식의 누루오스마니예 사원이 있다. 세 번째 언덕은 정복자 메흐메드가 지은 구(舊)궁전의 자리로, 지금은 바예지드 사원이 있고 그리 멀지 않은 곳에 옥내 대형 시장인 그랜드 바자르와 쉴레이마니예 사원이 있다. 네 번째 언덕에는 파티흐 사원이 있는데, 세 번째 언덕과 네 번째 언덕은 발렌스의 수도교(水道橋)로 연결되어 있다. 다섯 번째 언덕에는 술탄 셀림 사원이 있고, 여섯 번째 언덕에는 미흐리마흐 사원이 있다. 마지막 일곱 번째 언덕은 악사라이에 있는 발리데 술탄 사원에서 테오도시우스 성벽에 있는 톱카프 성문(옛 이름 로마누스 성문)으로 이어지는 지역이다. 이와 같이 이스탄불은 골든 혼과 마르마라 해에 둘러싸인 언덕 위에 세워진 구도시를 말한다. 해변가에 구축된 성벽 안에 있는 이스탄불 구도시는 삼각형 모양이다. 삼각형의 밑변에 바로 톱카프 궁전이 있다.

제국의 수도였던 지역은 마르마라 해와 골든 혼 사이의 '차탈자 반도'인데, 이를 역사의 반도라고 부른다. 현재 톱카프 궁전이 자리한 바로 그 지역이 콘스탄티노플이었다. 이곳에는 비잔틴 제국과 오스만 제국의 건축물이 공존하고 있다. 비잔틴 제국의 대표적인 건축물인 성 소피아 사원, 비잔틴 시대의 지하 저수지, 오스만 제국의 황제가 국정을 다스리던 톱카프 궁전, 오스만 제국의 대표적인 사원인 쉴레이마니예 사원과 술탄 아흐메드 사원 등이 모두 이곳에 집중되어 있다. 그래서 이곳을 구도시라고 부르고 있다. 구도시는 또 '술탄 아흐메드 지역'이라 부른다.

골든 혼을 중심으로 본다면, 구도시는 골든 혼의 서쪽에 있다. 구도시 맞은 편, 즉 골든 혼의 동쪽은 제노아 인과 베네치아 인들이 정착하여 살았던 갈라타 지역이다. 이쪽을 유럽 사람들은 그리스어에서 저편이라는 뜻을 가

밀리온 돌기둥. 비잔틴 제국 사람들은 이 돌이 있는 곳이 세계의 중심이라고 믿었다.

진 '페라'라고 불렸는데, 이곳에는 각국 영사관들이 자리하고 있다. 비잔틴 시대에 갈라타는 이탈리아의 제노아 상인들의 거주지였으며, 오스만 제국 시대에도 터키인들이 아닌 비무슬림인들이 사는 지역이었다. 갈라타 지역에는 제노아인들이 세운 갈라타 탑이 있다. 골든 혼을 중심으로 이스탄불의 구도시가 이루어졌다면, 보스포러스 해협 연안에는 한때 오스만 제국의 위용을 뽐내던 돌마바흐체 궁전을 포함하여, 일드즈 궁전, 츠라안 궁전, 베일레르베이 궁전 등이 있다.

비잔틴 제국의 수도 콘스탄티노플은 세계로 통하는 길의 출발점이었다. 술탄 아흐메드 광장에는 밀리온(milion)이라 불리는 돌기둥이 하나 있다. 비잔틴 제국의 사람들은 이 돌이 있는 곳이 바로 세계의 중심이라고 믿었다. 그들은 자신들이 알고 있는 도시나 지점과의 거리를 이곳에서 출발한 거리로 계산하여 기록해놓았다. 모든 길이 로마로 통한다고 했듯이, 비잔틴 시대에 모든 길은 콘스탄티노플로 통했다. 이 때문에 성 소피아 성당이 세계 중심의 한가운데 세워진 것으로 그 사람들은 믿었다. 오스만 제국 시대에 터키인들은 이스탄불의 아시아 쪽에 있는 위스크다르를 땅의 출발점으로 삼았다. 위스크다르에 아이를륵 정수대가 있는 곳이 바로 출발점이었다. 아이를륵은 터키어로 '이별'이라는 뜻이다. 술탄이나 군사 지휘관들은 원정을 떠나기 전 위스크다르에서 원정 준비를 마쳤다. 메카로 떠나는 성지 순례단도 이곳에서 모여 출발하였다. 이런 연유로 위스크다르에는 늘 사람으로 넘쳤다. 이스탄불은 비잔틴 제국 시대나 오스만 제국 시대에 땅의 출발점이 되었고, 세상의 중심이었다.

톱카프 궁전, 오스만 황제의 궁전

오스만 제국이 콘스탄티노플을 점령한 1453년 이후에 최초로 지은 궁전이 있던 곳은 현재의 바예지드 지역이다. 메흐메드 2세 술탄은 콘스탄티노플을 점령한 후 이스탄불 대학이 있는 자리를 왕궁 터로 정하고 궁전을 지었다. 궁전은 세 번째 언덕에 세워졌다. 이 지역에 지은 궁전은 이후에 지은 톱카프 궁전과 구별하기 위해 구궁전(舊宮殿)이라는 뜻으로 '에스키 사라이'라고 불렀는데, 지금은 흔적이 하나도 남아 있지 않다. 술탄이 사용하지 않은 구궁전은 빛이 바랜 하렘의 여인들이 여생을 마치는 궁전으로 사용되었다.

구궁전을 세우고 몇 년이 지난 후, 비잔틴 제국의 성곽이 있었던 첫 번째 언덕 북쪽 끝에 새로운 궁전을 세웠다. 이 궁전이 바로 톱카프 궁전이다. 톱카프 궁전이 자리한 지역에는 비잔틴 제국이 세운 건축물이 있었으나, 톱카프 궁전이 들어서면서 모두 사라지게 되었다. 톱카프 궁전은 신궁전(新宮殿)이라는 뜻으로 처음에는 '예니 사라이'라고 불렸으나, 궁전 입구 양쪽에 대포가 배치된 데 연유하여 톱카프 궁전으로 불리게 되었다. '톱'은 대포라는 뜻이고 '카프'는 문이라는 뜻이다. 톱카프 궁전은 19세기 마흐무드 2세 황제(1808~1839) 때까지 약 380여 년 간 오스만 제국 황제의 궁전이었다. 1475~1478년에 건축된 톱카프 궁전은 1850년대까지 계속 증축되기

톱카프 궁전.

도 하고 보수되기도 하였다.

　톱카프 궁전은 오스만 제국의 술탄들이 거주하며, 제상 회의가 열리던 곳이다. 술탄이란 황제를 뜻하는 터키어이다. 총 면적은 70만 평이며, 벽 길이만도 5km나 된다. 톱카프 궁전은 유럽의 다른 궁전과는 달리 화려하지 않은 것이 특색이다. 궁전 내에 있는 각 건물을 보면 이것이 제국의 궁전인지 선뜻 납득이 되지 않는다. 화려하지 않은 궁전이면서 막강한 병사를 가졌음 직한 성 같은 느낌이 든다. 그러나 건축학적인 면에서 관심 갖고 볼 것이 많고, 특히 자기, 무기, 직물, 보석, 성물 등 볼 거리가 많은 궁전이다. 톱카프 궁전은 세 개의 문과 그에 딸린 네 개의 넓은 중정(中庭)을 가지고 있다. 첫 번째 문은 '바브 휘마윤'이라 불리는 황제(皇帝)의 문, 두 번째 문은 '바뷔스 셀람'이라 불리는 경의(敬意)의 문, 그리고 세 번째 문은 '바뷔스 싸데'라 불리는 지복(至福)의 문이다. 문과 문 사이에는 마당인 중정이 자리한다.

첫 번째 문

톱카프 궁전으로 들어가는 첫 번째 문은 황제의 문이다. 문의 바깥쪽에 새겨진 글은 메흐메드 황제가 이 궁전의 건축을 1478년에 완공했다고 기록하고 있다. 황제의 문은 메흐메드 황제 이후의 술탄들이 손을 많이 대는 바람에 원래의 모양으로부터 많이 변형되었다. 황제의 문을 들어서면 첫 번째 마당이 있는데, 이곳에는 오스만 황제와 궁전을 수비하는 예니체리라고 불리는 근위대가 위치하여 별칭 예니체리 마당이라고도 한다. 예니체리란 12~20세 사이의 기독교 가정의 소년들을 징병하여 할례(割禮)를 하고 이슬람으로 개종시킨 뒤, 훈련소에서 군사 교육을 받게 한 후 황제의 근위 부대로 편입된 병사들을 말한다.

예니체리는 오스만 제국 군대의 중추를 이루었으며, 평화 시에는 오스만 조정과 황제의 수호자로, 전투 시에는 무서운 전사로서 역할을 하였다. 오스만 제국은 기독교 출신 소년들을 이슬람으로 개종시켜 각종 교육을 받게 하고 능력이 있는 사람들을 관료로 기용하였다. 오스만 제국의 이런 제도를 '데브쉬르메'라고 하는데, 16세기 중반 들어 데브쉬르메 제도로 기용된 관료들이 정통 터키 관료들을 제압하고, 정치, 경제적 실권을 장악하였

톱카프 궁전의 정문. '톱'은 대포라는 뜻이고, '카프'는 문이라는 뜻으로 궁전 입구 양쪽에 대포가 배치된 데 연유하여 톱카프라 불렀다.

다. 일반 백성들은 이곳까지만 자유롭게 다닐 수 있었다. 이 때문에 조정의 관리나 조정에서 일하는 시종들은 일반 백성들이 드나드는 제 1중정을 궁전 마당으로 여기지 않았다. 제1 중정에는 진료원, 장작 저장소, 빵 만드는 건물 등이 있었으나, 비잔틴 제국 때 지은 성 이레네 성당과 화폐 제작소말고는 남아 있는 것이 하나도 없어 아쉽다.

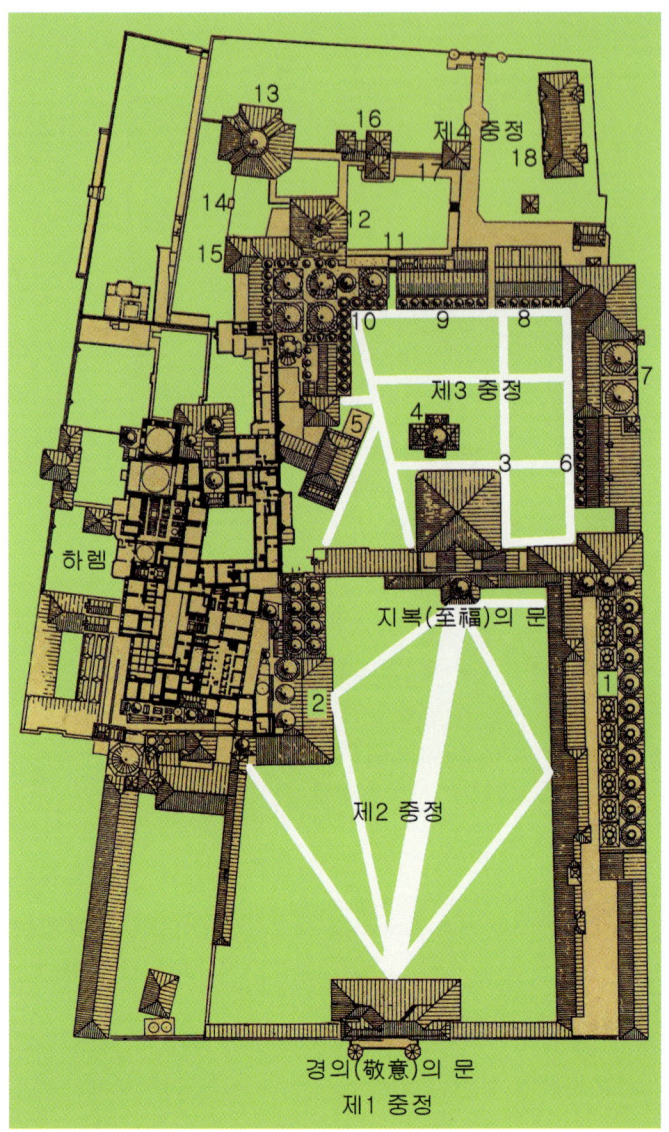

톱카프 궁전 상세도. 1 왕실 주방, 2 쿱베알트, 3 알현실, 4 아흐메드 3세 도서관, 5 도서관(아이라르 사원), 6 의류관, 7 보물관, 8 박물관 사무실, 9 황제 초상 전시관, 10 성물관, 11 제4중정 출입문, 12 레반관, 13 바그다드 관, 14 이프타리예(금식 후 식사) 정자, 15 할례관, 16 무스타파 파샤관, 17 약사 및 주치의실, 18 메지디예관.

성 이레네 성당은 6세기경 비잔틴 제국의 유스티니아누스 황제 때 건립되었다. 건축 재료와 구조 면에서 볼 때 전형적인 비잔틴 건축물이다. 1453년에 오스만 제국이 콘스탄티노플을 정복한 후에도 이슬람 사원으로 사용되지 않았기 때문에 건축물의 원래 형태가 그대로 남아 있다. 오스만 제국은 성 이레네 성당을 전리품과 무기 저장소로 사용하였다. 그러다가 1846년에 오스만 제국 최초의 박물관으로 사용되었다. 황제의 문은 대형 버스 한 대가 겨우 지나갈 만큼의 폭이며, 황제의 문에 연결된 중정 안쪽에는 톱카프 궁전 관람을 위한 매표소가 있다.

두 번째 문

제1중정을 지나면 두 번째 문인 경의의 문이 있다. 첫 번째 문과 중정은 일반 백성이 드나들 수 있는 곳인 반면, 경의의 문부터는 일반 백성들의 출입이 금지되었다. 오스만 제국 황제의 권위가 시작되는 곳이다. 경의의 문 양쪽에는 방추형의 성탑이 세워져 있다. 이 문의 오른쪽 벽에는 사형 집행자의 손과 칼을 씻었다는 우물이 있었다. 그리고 문 옆에는 참수된 사람의 머리를 놓아둔 두 개의 대리석이 있었다고 한다. 경의의 문 뒤에 있는 넓은 마당은 제2중정으로 이곳에는 대신들이 국사를 논의하던 '디반' 건물과 거대한 왕실 주방이 자리하고 있다.

디반 건물은 중정의 왼쪽에, 주방 건물은 오른쪽에 위치한다. 디반은 오늘날의 내각(內閣)을 말하는 것으로, 조정의 주요 업무가 이곳에서 논의되고 결정되었다. 디반 건물을 '쿱베알트'라고 부른다. 쿱베는 '돔'이라는 뜻이고, 알트는 '아래'라는 뜻이다. 내각 회의는 톱카프 궁전 초기에는 매일 열렸으나, 점차 시간이 흐르면서 줄어들다가 18세기 초에 이르러서는 일주일에 하루만 열리게 되었다. 대정복 사업을 마무리한 황제의 관심이 국정보다는 다른 곳에 가 있다는 사실을 반증하는 것이다. 디반 회의 초기에는 황제가 직접 회의에 참여하였으나, 얼마 안 있다가 디반 회의는 총리 대신이 주재하게 되었다. 디반 회의실 안, 한쪽 벽 위에는 황제가 디반 회의가 진행되는 것을 경청하고 의견을 내기도 했다는 격자창이 있다.

디반 회의를 황제가 직접 주재하지 않게 된 까닭은 이렇다 한다. 디반 회의 초기에는 황제를 중심으로 좌우에 대신들이 정렬하여 앉았다. 그런데 어느 날 회의가 진행되고 있는 사이 갑자기 회의장에 뛰어든 촌부가 "이 사람들 중에 누가 황제냐?"라고 소리쳤다고 한다. 이 때문에 몹시 격분한 황제는 그 일이 있은 후에 총리 대신이 앉게 될 바로 위쪽 벽에 별도로 격자창을 만들어 회의 진행을 경청하게 되었다고 전한다. 오스만 제국이나 황제의 위용을 상상해볼 때, 격자창을 통해 디반 회의를 경청하는 황제의 모습은 잘 연상되지 않는다. 디반 회의가 열릴 때는 궁전 관리와 궁전 경비대, 예니체리 병사 등 약 5,000여 명이 대기하였고, 외국 사절 접견 등 중요한 행사 때에는 만 명까지 늘어났다고 한다. 당시 외국인들이 의전 행사를 목격하고 남겨놓은 여행기를 보면, 이렇게 많은 사람들이 행사에 참가하였지만, 중정 내에는 사람들의 숨소리를 느낄 수 있을 만큼 침묵과 정적이 흘렀다고 한다.

이 마당의 또 다른 특징은 이곳에서 각종 궁중 의식이 열렸다는 것이다. 출정식, 황제 폐위식, 왕세자 할례식, 공주 결혼식, 종교 행사인 바이람 축제, 외국 사절 접수 등 각종 궁중 의식이 화려한 복장으로 장식한 예니체리

오스만 제국이 콘스탄티노플을 정복한 후, 과시하기 좋아하는 터키인들은 비잔틴 시대의 의상을 많이 모방하여 의상들을 만들어냈다.

근위대 및 대신들이 참석한 가운데 열렸다. 오스만 제국의 영토 확장과 더불어 새로운 관직과 직책이 생기게 되어 그에 걸맞는 의상도 만들 필요가 생기게 되었다. 오스만 제국이 콘스탄티노플을 정복한 후, 과시하기 좋아하는 터키인들은 비잔틴 시대의 의상을 많이 모방하여 자신들의 복장을 만들어냈다. 오스만 제국의 전성 시대인 쉴레이만 황제 시대에 만든 의전법의 규정에 따라, 의전 서열은 물론 각 행사 때 입는 의상의 종류와 색상 등이 상세하게 규정되었다. 오스만 조정에서 열린 각종 궁중 의식 행사는 마치 의상 전시회 같은 분위기를 자아냈다.

마당 오른쪽에 있는 주방 건물은 황제를 비롯해 궁전 안에 있는 사람들의 직분에 따라 열 개의 별도 주방을 갖고 있었다. 16세기 말경에는 식후에 먹는 단것인 헬바를 만드는 사람만도 600명에 이르렀다고 한다. 하루에 두 번 궁중 음식이 준비되었고, 해가 긴 여름철에는 해지고 두 시간 후쯤 황제와 하렘의 왕실 가족들에게 식사가 제공되었다. 주방에서 만들어진 음식은 200여 명의 사람들이 줄을 서서 접시를 손에서 손으로 전달하는 방식으로 하여 황제의 식탁에 올려졌다. 궁전의 주방에서는 주로 양고기를 포함한 육류가 준비되었는데, 하루에 양 200마리가 소비되었다고 한다. 생선은 원하면 요리할 수도 있었으나, 거의 먹지 않았다.

세 번째 문

세 번째 지복의 문은 황제와 황제의 측근만이 통과할 수 있는 문으로, 이 문 뒤에 있는 제3중정에서는 황제의 즉위식이 성대하게 열렸다. 이곳에는 금남(禁男)의 구역으로 알려진 하렘이 있는데, 하렘 건물에는 약 250개에 이르는 방이 있다. 오스만 제국 전성기인 쉴레이만 황제 시대에는 하렘에 사는 사람들의 수가 1,000여 명에 이르렀고, 황제가 마음에 드는 여인이 있는 곳으로 가는 비밀 통로도 만들어졌다. 지복의 문 바로 뒤쪽에는 외국 사절을 접견하는 알현실이 있다. 제국의 황제가 외국 사절을 접견하는 방치고는 상당히 겸손한 규모이지만 다행히 건물을 받히고 있는 대리석 기둥이 아름답다.

또한 이곳에는 오스만 제국 시대의 각종 보석과 보물을 전시한 보석관

보석관에는 오스만 제국 시대의 각종 보석과 보물을 전시하고 있다. 톱카프 단검(오른쪽 아래)을 비롯해 수없이 많은 다이아몬드와 에머럴드가 박힌 선물들이 즐비하다.

이 있다. 수없이 많은 다이아몬드와 에머럴드가 박힌 선물들이 즐비하다. 톱카프 궁전뿐만 아니라 보석관을 상징하는 것은 '톱카프 단검'이다. 길이 35㎝의 단검은 에머럴드로 장식되어 있는데, 단검을 비치는 조명으로 더 아름답게 보인다. 이 단검은 1741년에 오스만의 마흐무드 1세 황제가 페르시아 황제를 위해 선물로 만든 것인데, 페르시아에서 일어난 정정(政情)으로 인해 오스만 조정으로 되돌아온 것이다. 또 다른 보석관의 상징물은 86 캐럿짜리 다이아몬드인데 조명 불빛에 반짝이는 다이아몬드는 보는 이의 눈을 황홀하게 한다.

성물관(聖物館)에는 1517년 셀림 1세 황제가 이집트를 정복하고 가져왔다는 모하메드의 수염과 이빨, 그가 들었던 군기, 그의 발자국 주조물 등이 전시되어 있다. 이집트를 정복한 셀림 1세는 1516년 8월 칼리프직을 이양받음으로써 이스탄불이 이슬람 세계의 중심지가 되었다. 칼리프란 이슬람 세계의 최고 통치자의 칭호인데, 이전에는 바그다드와 카이로가 이슬람 세계를 통치하는 주요 도시였다. 최근에는 이슬람 과학과 기술을 설명한 이슬람 과학관이 개설되었다. 아랍어로 된 약초 도감도 있는데, 침술을 설명한 화도가 우리의 관심을 끈다.

도자기관에는 특히 14~19세기 중국과 일본산 자기들이 많이 전시되어 있다. 톱카프 궁전은 중국산 자기 1만 2,000점, 일본산 자기 800여 점을 소장하고 있다. 중국산 자기는 원(1280~1368), 명(1368~1644), 청(1644~1912) 시대의 것으로 청자기, 백자기가 주를 이룬다. 중국산 도자기는 9~10세기경 중동 지역에 수출되기 시작하였는데, 오스만 조정에서는 중국산 자기를 대량 수입하여 즐겨 사용하였다. 일본 자기는 17세기 후반부터 18세기 초반에 들어온 것으로 큐슈 지방의 아리타에서 생산된 것인데, 선적한 곳의 이름을 따 붙인 이마리 도자기가 대부분이다. 일본산 자기 중에는 오스만 황제가 특별 주문하여 제작된 것도 있다.

제4중정에는 오스만 조정 근위대의 지휘관과 관리를 양성하기 위한 궁전 학교가 있었다. '엔데룬'이라 불리는 궁전 학교는 톱카프 궁전 안에 설

왕자들에게 할례를 시킨 할례실에서는 오스만 제국의 타일 예술을 한눈에 볼 수 있다(왼쪽). 튤립을 주소재로 하고 있는 16세기 이즈닉에서 생산된 자기(오른쪽, 이스탄불 고고학 박물관 내 치닐리 쾨쉬크 소장).

립된 관리 양성 교육 기관이었다. 궁전 학교에서 교육을 받는 사람들은 주로 데브쉬르메 제도에 따라 기독교에서 이슬람으로 개종한 기독교 가정 출신의 젊은이들이었으나 오스만 고위 관리의 자제들도 입학하였다. 그들은 터키어, 아랍어, 페르시아어는 물론 코란, 역사, 수학, 음악 등을 배웠다. 엄격한 체력 단련을 통해 기마술과 무기 다루기에 능했으며, 궁중 내 예의 범절도 익혔다. 궁전 학교를 졸업하면 무사이면서 학자와 신사의 면모를 겸비하게 되었고, 건전한 이슬람교도인 동시에 황제에 충성하는 헌신적인 신하가 되었다. 궁전 학교 출신들은 주로 오스만 조정의 행정 관리로 배치되었고, 그들은 능력과 공적에 따라 고위직으로 승진하여 중앙 무대인 오스만 조정으로 진출하였다.

　이곳에는 이라크의 바그다드와 페르시아의 영토였던 예레반(현재의 아르메니아)을 정복하고, 이를 기념하기 위해 지었다는 바그다드관과 레반관이 있다. 바그다드관은 무라드 4세 황제가 바그다드 점령 후 세운 것으로 18세기 후반부터는 궁전 학교의 학생들이 도서관으로 사용하였다. 또한 그 옆에는 황제가 한 달 간 금식을 하고 식사했다는 이프타리예 정자가 있다. 정자 바로 뒤로는 귈하네 공원이 보이고, 공원 뒤로는 푸른색의 골든 혼이 도시의 스카이 라인과 함께 어우러져 보인다. 왕자들에게 할례를 시킨 할례실에서는 오스만 제국의 타일 예술을 한눈에 볼 수 있다. 사방 벽면이 타일로 장식되어 있기 때문이다. 타일은 이즈닉에서 생산된 것으로 푸른색이 주를 이룬다.

　제 4중정 끝 부분에는 조정의 주치의와 약사들이 기거하던 건물이 있고, 그 앞에는 튤립 정원이 있다. 튤립은 오스만 제국 후반에 가장 많이 재배되었던 꽃이다. 아흐메드 3세(1703~1730) 황제는 보스포러스 해안과 골든 혼에 여름 별장을 짓고 오스만 황제로서는 처음으로 유럽식 가든 파티와 여흥을 즐겼다. 이 시기에 서구화의 상징으로 튤립을 심기 시작하여, 튤립은 이스탄불 전역을 수놓게 되었다. 아흐메드 황제는 매년 튤립 축제를 열었다. 오스만 조정이 튤립에 열정을 보였기 때문에 이 시기를 '튤립 시기(랄레 데브리)'라고 부른다. 튤립은 우아함과 유락의 상징이었다. 이 때문에 이스탄불에서는 튤립의 구근이 고가로 판매되었고, 이스탄불은 화초 재배의 중심지가 되었다. 아흐메드 황제는 매년 4월 보름날을 맞아 3일 간 제4중정에서 화려한 튤립 행사를 가졌다. 제4중정의 끝은 톱카프 궁전의 끝으

톱카프 궁전의 세밀화. 세밀화는 높은 곳에서 아래를 내려다보는 것 같은 화폭에 원근법을 사용하지 않는 것이 가장 큰 특징이다.

로 이곳에 나오면, 오른쪽으로 마르마라 해가 왼쪽으로 보스포러스 해협이 대교와 함께 보인다. 톱카프 궁전 관람을 마치고 해협을 배경으로 여유 있게 사진을 찍을 수 있는 곳이다.

세밀화

톱카프 궁전 내에는 이슬람 세밀화가 많이 전시되어 있다. 궁중 예술인 세밀화는 당시 궁전과 이스탄불의 사회상을 사실적으로 묘사하고 있다. 영어로는 '미니에이쳐(miniature)'라고 하는데 오스만 제국에서는 15세기 말부터 그리기 시작하여 16세기 말에 절정에 달했다. 세밀화는 원래 인도, 페르시아 문화권에서 만들어진 독특한 회화 표현이다. 본래 이슬람교에서는 생명을 지닌 사람이나 동물의 형상을 표현하는 일을 금지하였다. 그러나 오스만 조정은 술탄의 공식적, 사적 생활을 그림으로 기록하기 위해 작가와 화가를 양성하기 시작하였다. 16세기 초반 한 자료에 의하면, 톱카프 궁전에는 세밀화를 그리는 29명의 장인 화가와 12명의 도제가 있었고, 장인 화가 중 14명은 튀르크인이고 그 외 페르시아인, 알바니아인, 코카서스인, 몰도바인 등이 있었다고 한다.

세밀화는 높은 곳에서 아래를 내려다보는 것 같은 화폭에 원근법을 사용하지 않는 것이 가장 큰 특징이다. 그림은 평면적이며 음영, 즉 그늘을 그리지 않았다. 원근법과 음영을 완전히 무시한 그림 형태이다. 화폭의 주인공은 대부분 황제인데, 황제는 멀리 있어도 가까이 있는 나무나 산보다도 더 크게 그려져 있다. 화폭에 등장하는 사람들의 표정이 없고, 동작도 구체적으로 나타나지 않은 것도 특징이다. 상황 묘사에 중점을 두었기 때문에,

화폭에 나타나는 사람들의 개별 표정은 중요하지 않았다. 황제와 같이 있는 대신들은 대부분 황제를 바라보지 않고 황제가 그들의 등을 바라보고 있는 형식으로 묘사되어 있다. 이는 황제의 절대성을 강조한 것이다. 오스만 시대의 세밀화는 화가는 달라도 화풍이 같아 누가 그렸는지를 정확히 알 수 없다. 한 사람의 스승 밑에서 수명의 제자들이 모두 똑같은 방법과 색상으로 그림을 그렸기 때문이다. 이슬람 세밀화는 17세기부터 점차 사실적인 베네치아 화풍으로 바뀌게 되었다.

2006년 노벨문학상을 수상한 터키 작가 오르한 파묵의 《내 이름은 빨강(Benim Adım Kırmızı)》이라는 소설은 16세기 오스만 제국을 무대로 전통적 이슬람 화법과 새로 유입되는 서양 화법을 놓고 갈등하는 궁중내 세밀화가들의 갈등이 줄거리를 이룬다. 원근법 없이 투시법을 사용하여 절대자인 황제를 대상으로 세밀화를 그려내는 세밀화가들은 원근법으로 인간 중심적 세계관을 그려내는 서양화법의 등장으로 동서양의 문화적 갈등을 겪게 된다.

금남(禁男)의 구역, 하렘

톱카프 궁전 내에는 또 다른 궁전이라 할 수 있는 하렘이 있다. 하렘은 아랍어로 '금지된 곳이나 사람'이라는 뜻이다. 톱카프 궁전의 하렘은 흑인 환관들이 지키며, 남자의 출입이 금지된 곳으로 황제만 출입할 수 있는 곳이다. 하렘은 궁전 내 여인들이 거처하는 내궁(內宮)으로 황제의 어머니와 술탄의 아내, 정부(情婦), 여인들이 살던 곳이며, 한때 실질적인 권력을 행사하던 곳이었다. 폭 80m, 길이 150m의 하렘은 방, 복도, 거실 등이 거미줄처럼 연결되어 있다. 거세된 흑인 남자가 출입문을 지키고 있는 하렘은 이곳이 세워진 1550년대부터 폐쇄된 1909년에 이르기까지 톱카프 궁전에서 가장 비밀스러운 곳으로 남게 되었다.

오스만 제국의 황제는 현재 성물관으로 전시되고 있는 방에서 자고 일어났으며, 국사도 이곳에서 다루었다. 그 방의 원래 이름은 '하스 오다'이다. 하스는 '진짜'라는 뜻이고 오다는 '방'이라는 뜻이다. 하렘의 생활은 외부에 노출되지 않았기 때문에 하렘을 둘러싼 선정적인 그림과 이야기가 전해 내려오고 있다. 황제의 어머니를 비롯한 가족들과 황제를 받들고 시중 드는 여인들이 기거하였던 하렘에 대해서는 많은 이야기와 소문이 전해지고 있다. 당시 톱카프 궁전을 방문했던 유럽 사람들이 남겨놓은 글이나 그림을 토대로 알 수 있는 하렘에 대한 사람들의 상상력은 하렘을 마치 성

톱카프 궁전의 하렘 내부.

(性)의 환락 장소로 묘사하고 있다. 그러나 하렘은 유럽인들이 생각하는 만큼 극도로 타락한 것만은 아니었다. 이슬람 관습에 따라 남자는 네 명의 아내를 거느릴 수 있었다. 황제도 마찬가지였다. 정복자 메흐메드 황제까지는 정식으로 네 명의 아내를 가졌지만, 이후부터의 황제는 정식으로 결혼하지 않은 네 명의 소실을 두었다. 하렘 내에서는 엄격한 규율이 적용되었다.

하렘의 통치자는 황제의 어머니였다. 황제의 어머니는 '발리데 술탄' 이라고 불렀다. 황제인 아들을 위한 부인과 소실을 선정하는 권한은 발리데

톱카프 궁전의 하렘 내부.

술탄에게 있었다. 하렘에서 가장 큰 방은 물론 황제 어머니의 방이다. 오스만 역사상 황제의 어머니는 총리 대신에게 직접 명령을 내릴 만큼 조정의 일에 강력한 영향력을 행사했다. 17세기에 오스만 조정은 사실상 하렘의 여인들에 의해 지배되었다. 황제는 여자에 약하게 되었고 여인들에 의한 음모로 정실 인사가 가능하게 되었다.

하렘에서 살던 사람들은 대부분 노예 출신이었다. 노예 시장에서 궁전으로 팔려 온 여인과 흑인 남자들은 이름을 바꾸어 일했다. 여인들은 페르시아어의 꽃 이름으로 개명하였고, 남자들은 꽃을 지키는 사람이라는 뜻의 이름을 가지게 되었다. 노예 시장에서 궁전으로 들어온 여인은 처음에는 한 방에서 단체로 기거하다가, 일단 황제의 마음을 사게 되면 독실에서 기거하게 된다. 황제의 마음을 산 여인은 행운이라는 뜻으로 '이크발'이라고 하였다. 소실이 딸을 낳으면 '하세키 카든'이라는 칭호를 받았고, 아들을 낳으면 '하세키 술탄'이라는 칭호를 받았다. '카든'이라는 칭호보다는 '술탄'이라는 칭호가 격이 높았다. 자신이 낳은 아들이 왕위를 계승하게 되면, '발리데 술탄'이라는 칭호를 받았다. 가장 운이 좋은 여인이라면 이크발에서 출발하여 하세키로, 하세키에서 발리데 술탄으로 올라갈 수 있었다. 황제의 아들을 낳은 여인은 부인의 대우를 받았다. 황제의 마음을 사고, 황제의 아들을 낳고, 일등급 여자의 대우를 받으며, 아들이 왕위에 오르면서 황제의 어머니가 되어 하렘을 장악하는 것이 하렘에서 사는 모든 여인들의 꿈이었다. 이 때문에 하렘 안에는 여인들 간의 시기와 음모가 그치지 않았다. 음모에 가담한 여인들이 발각되면, 그녀들은 돌이 담긴 자루에 담겨져 궁전 뒤 마르마라 해변에 버려졌다.

    황제의 하렘 출입은 비밀리에 이루어졌다. 하렘에 있는 다른 여인들이 눈치채지 못하도록 하였다. 침실 밖에서 대기하고 있는 내시만이 황제가 내방할 것이라는 것을 알게 된다. 하렘의 입구에도 거세된 내시가 지키고 있었다. 흑인 내시들은 이디오피아, 수단 등 아프리카에서 데려온 사람들로 거세 수술을 받았다. 거세 수술을 받은 사람들은 대부분 죽었지만, 수술 후 살아남은 사람들은 하렘으로 들어가는 행운을 얻고 하렘의 수문장이 되었다. 황제가 입실하면 주변의 모든 창문과 출입문은 닫히게 된다. 어느 누구도 돌아다닐 수 없고, 침묵과 고요한 정적만 흐르게 된다. 황제는 대부분 자신이 사용하는 방으로 여인을 부르지만, 어떤 때는 여인의 방에 황제가 직접 가기도 하였다. 이때는 흑인 내시가 황제를 모시고 간다. 아침이 되면 황제는 아무 소리 없이 조용히 하렘을 빠져나갔다.

    데려온 노예 중 미인이라고 뽑힌 여인은 황제의 몫이었고, 나머지 여인들은 관직 서열에 따라 나누어졌다. 앞으로 교육을 시켜 키울 만한 가치가 있다고 판단되는 여인들은 교육을 받게 했다. 하렘 안에는 이들이 교육받던 건물이 남아 있다. 여인들에 대한 교육은 매우 중요하였다. 신체 조건 등 심사에서 통과한 여인들만이 하렘으로 들어갈 수 있었다. 하렘에 들어가면 그들에게 새로운 이름이 주어졌고, 이름을 얻은 여인들은 하렘의 전통과 예의 범절을 배웠다. 황제가 많은 여인 중에서 어떻게 마음에 드는 여인을 선택하는지에 대해서는 알려진 것이 없다. 서양인들이 만들어낸 손수건 이야기가 있다. 황제가 여인들 앞을 몇 차례 지나간 다음에 마음에 드는 여인 앞에 손수건을 떨어뜨린다는 것이다. 주황색 손수건은 좋아한다는 의미이고, 푸른색 손수건은 합방하고 싶다는 의미라는 것이다. 다른 일설에 의하면, 황제가 여인들과 여흥을 즐길 때, 하렘의 총감독격인 여사감에게 자신의 의중을 전달한다는 것이다.

    황제가 사망하면 하렘에 있는 황제의 여인들은 어떻게 되었을까? 황제가 죽으면, 하렘에 있는 하렘의 어머니가 가지는 '발리데 술탄' 지위도 당연히 없어지고, 술탄의 어머니와 황제의 여인들은 모두 짐을 꾸려 구궁전으로 들어갔다. 자기가 낳은 아들이 황제가 되면, 황제의 어머니는 톱카프

하렘의 여인들이 교육받던 건물.

궁전의 하렘으로 돌아갈 수 있지만, 다른 여인들은 구궁전에서 여생을 마쳤다. 과거의 부귀 영화를 다 빼앗기고 구궁전으로 돌아온 여인들에게 구궁전은 눈물의 궁전이었다. 오스만 초기 시대에 하렘에 있는 여인의 수는 많지 않았으나, 시간이 갈수록 늘어나게 되었다. 130명의 자식을 가진 것으로 알려진 무라드 3세 시대에는 500여 명에 이르렀고, 그의 아들 메흐메드 3세 때에는 700여 명에 이르렀다. 이 수는 하렘에서 일하는 여인들을 다 포함한 수이다.

16세기 이후 오스만 왕자들은 하렘의 내실에서 격리되어 살면서 제한된 교육만을 받았다. 하렘 안에는 오스만 조정의 왕권을 둘러싼 비애가 서린 '벨리아흐트 방' 이 있다. 이 방은 보통 새장이라는 뜻으로 '카페스' 라고도 하는데, 왕자들을 격리하는 방이다. 오스만 제국의 13대 황제인 메흐메드 3세는 29세인 1595년 등극하자마자 왕권의 안전을 보장받기 위해 무려 19명의 형제를 살해하였다. 살해된 형제 중 제일 나이가 많은 형제가 고작 16살이었다. 이 같은 형제 살해는 콘스탄티노플을 정복한 제7대 술탄인 메흐메드 2세(1444~1446, 1451~1481)때부터 시작되어 13대 술탄 메흐메드 3세(1595~1603) 때까지 160여 년 간 이어졌다. 형제 살해 전통은 오스만 제국 역사상 가장 비인간적인 슬픈 역사로 기록되었다. 형제 살해 전통이 계속되는 동안 왕권은 아버지에서 아들로 이어졌다. 부왕으로부터 왕권을 이어받은 아들은 자신들의 형제를 거의 모두 살해하였다. 비인간적이었지만 그것은 전통이었다. 자신들의 아들이 죽게 될 것을 안 어머니들은 술탄에게 살려달라고 애원도 해보지만 소용이 없었다.

 무자비한 형제 살해의 전통이 무너진 계기는 메흐메드 3세 술탄이 사망하면서 찾아왔다. 1603년 그가 사망하자 어린 두 아들이 유일한 직계 남성 생존자였다. 이 중 하나를 죽인다면 왕가의 혈통 유지가 어려울지도 모르는 일이었다. 장남인 아흐메드 1세가 황제가 된 후, 그는 동생 무스타파를 죽이지 않고, 대신 격리 수용하는 방법을 생각해냈다. 격리 수용은 형제들을 궁중 내 일정한 장소에서만 살게 하는 것이다. 그 장소를 '카페스' 라고 부르는데, 카페스는 오늘날의 가택 연금과 같은 것이었다. 왕이 되지 못한 형제들에 대한 강제적인 가택 연금도 또 하나의 전통이 되었다. 가택 연금은 생명은 유지할 수 있었지만, 연금 생활을 하는 동안에도 죽음의 공포를 벗어나지 못했고, 모든 것이 제한된 생활 속에서 비정상적인 인격이 형성되기도 하였다. 쉴레이만 2세는 카페스에서 39년을 외부와 격리되어 살았다. 그가 왕위에 오를 때는 46세였다. 카페스에서 살 때는 여인들의 접촉이 금지되어 있었기 때문에 왕위에 오른 후에도 여자에 관심이 없었다. 철학적이고 종교적인 사고로 무장된 쉴레이만 2세는 오스만 역사상 톱카프 궁전에서 자신의 하렘을 만들지 않은 황제가 되었다.

오스만 제국 역사상 하렘에서 여인들의 섭정 시대를 연 인물은 휘렘 술탄이다. 술탄의 막후에서 막강한 영향력을 행사한 여인 섭정 시대의 주인공은 휘렘 술탄 외에도 누루바누 술탄, 사피예 술탄, 쾨셈 술탄, 투루한 술탄 등이 있었다. 술탄이란 황제를 뜻하지만, 술탄의 부인이나 딸에게도 술탄이란 칭호가 붙여졌다. 막후에서 실세 역할을 한 여인들의 섭정은 16세기 말부터 17세기 말까지 약 110여 년 간이나 계속되었다. 여인들의 섭정이 있게 된 이유는 술탄들이 정상적이지 않아 국정을 펴나갈 능력이 없거나, 술탄의 나이가 너무 어리기 때문이었다.

먼저 휘렘 술탄은 노예 신분으로 톱카프 궁전에 들어가 카누니 쉴레이만 술탄이 왕위에 오른 후에 아들 메흐메드를 낳고 '하세키'가 되었다. 그러나 이미 5년 전에 쉴레이만 술탄과의 사이에 무스타파라는 왕자를 낳은 마히데브란이라는 여인과 술탄의 사랑을 독차지하기 위한 투쟁을 하게 되었다. 그녀는 하렘에서 자신의 지위를 확고히 하기 위해 쉴레이만 술탄과의 사이에 딸 미흐리마(1522), 아들 압둘라(1523), 셀림(1524), 바예지드(1525), 지한기르(1531)를 계속해서 낳았다. 그녀는 술탄이 가장 아끼는 어머니가 1534년에 사망한 후, 하렘의 유일한 권력자가 되었다. 휘렘 술탄은 여성 특유의 감성으로 쉴레이만 술탄을 완전히 자신의 것으로 만드는 데 성공했다. 일천한 노예 신분으로 왕조의 권력자로 부상한 휘렘을 두고 사람들은 그녀가 신력을 가지고 있다고 믿게 되었다.

휘렘 술탄의 뒤를 이은 하렘의 권력자는 누루바누 술탄이었다. 무라드 3세 술탄은 총명하고 품격이 있던 그의 어머니 누루바누에게 국사를 협의하고 결정하였다. 누루바누는 1583년 운명하기 직전에 아들인 술탄에게 백성을 공정하게 통치하고, 금에 대해 탐욕하지 말 것이며, 동생 메흐메드를 잘 돌보라는 세 가지 유언을 남겼다. 사피예 술탄은 셀림 2세의 아들인 무라드 3세의 정부로 무라드 3세가 왕이 되자 왕의 어머니인 누루바누와 경쟁 관계에 놓이게 되었다. 쾨셈 술탄은 사피예의 손자인 아흐메드 1세의 정부로 그녀의 두 아들인 무라드와 이브라힘이 계속해서 왕위에 오르자 아들보다도 더 막강한 실력을 막후에서 행사하였다. 메흐메드 4세의 어머니인 투루한은 쾨셈과 치열한 경쟁을 하게 되었다. 19대 술탄인 메흐메드 4세가 왕위에 오를 때, 그의 나이는 겨우 7세였다. 오스만 왕실에서 가장 나이 어린 술탄이 되었다. 술탄의 어머니인 투루한도 23세밖에 안 되었기 때문에 쾨셈이 하렘을 이끌어갔다. 쾨셈이 메흐메드 4세 자리에 손자 쉴레이만을 옹립하려는 시도를 눈치챈 투루한은 쾨셈을 살해했다. 쾨셈이 죽자 하렘의 통치권을 장악한 투루한은 5년 간 12명의 총리 대신을 교체할 정도로 실세를 과시했다. 어린 나이에 등극한 메흐메드 4세는 죽을 때까지 사냥을 즐겨 사냥꾼 술탄으로 이름을 남겼고, 선왕인 이브라힘은 여자를 탐닉하는 술탄으로 이름을 남겼다.

바브 알리, 총리 대신 관저

오스만 제국이 비잔틴 제국의 콘스탄티노플을 정복한 후 1세기 동안 제국의 영토는 서쪽으로 계속 확장되었다. 쉴레이만(1520~1566) 황제 시대에 이르러 제국은 로마와 몽골 제국을 능가하는 황금 시대를 맞았다. 그가 영토를 확장하고 제국을 황금 시대로 이룬 것은 비잔틴 제국의 유스티니아누스 황제가 이루었던 황금 시대와 견줄 만한 것이었다. 쉴레이만은 많은 전투를 지휘하고 승승장구하였으나 비엔나 전투에서는 실패하여 오스만 제국의 유럽으로 향한 서부 진출은 사실상 비엔나를 넘지 못하였다. 전투에서 얻은 전리품, 정복지로부터 받는 공물, 세금 등으로 제국은 최대의 부를 누렸다.

동서 정벌을 통해 제국의 영토를 최대로 확장한 쉴레이만은 '입법자'라는 뜻으로 '카누니'라는 칭호가 붙은 술탄이다. 그래서 그를 '카누니 쉴레이만 술탄'이라고 부른다. 오스만 제국의 최초 성문법은 콘스탄티노플을 정복한 파티흐 술탄 메흐메드 때에 마련되었다. 메흐메드 술탄은 그때까지 전해 내려오는 법령들을 모아 정비하였고, 쉴레이만 술탄은 메흐메드 술탄이 마련한 법령 외에 형법, 군법 등을 추가하였는데, 카누니 시대의 법전은 이후 오스만 제국 법전의 표준이 되었다. 법률 제정과 정비 면에서, 쉴레이만 술탄은 비잔틴 제국의 유스티니아누스 황제에 비유되고 있다.

쉴레이만 술탄 시대 이후에, 군사 행정 재정 면에서 문란이 가속화되면서 제국은 서서히 쇠퇴기로 접어들게 되었다. 오스만 부족국으로부터 출발하여 제10대 쉴레이만 술탄 때까지 제국은 영토를 계속 확장해가면서 제국 초기의 대정복 사업을 마무리하게 되었다. 제국의 대정복 사업의 한계는 내정의 문란과 함께 도래하게 되었다. 오스만 제국이 쇠퇴하게 된 근인(近因) 중에 하나는 술탄이 국가 업무를 총리 대신에게 위임하면서 중앙 권력이 약화된 것이었다. 술탄이 국가 및 조정의 업무를 대신들에게 위임하면서 궁녀들이 거처하는 하렘에서 즐기는 시간이 늘어났다. 이 때문에 하렘의 여인들이 대신들의 임명이나 해임에 직접 관여하게 되었다. 술탄으로부터 권한을 위임받은 총리 대신은 절대적 영향력을 행사했으나, 데브쉬르메 출신들의 정치적 부패와 관료제의 문란을 해결하는 데는 역부족이었다. 오스만 제국의 관료가 되고, 예니체리 부대의 근간을 이룬 데브쉬르메 출신들은 16세기 중반에 이르러 정통 튀르크 관료들을 제치고 사실상 정치 경제적 실권을 장악하면서 이제 술탄을 통제할 지경에까지 이르게 되었다.

쉴레이만 술탄 이후, 술탄이 어전 회의를 주재하는 횟수가 줄어들게 되었다. 술탄들은 어전 회의에 참석하고, 궁전 의전 행사에 참석하는 일 이외에 많은 일을 총리 대신이 하도록 하였으므로 총리 대신에게 상대적으로 많은 책임과 임무가 부과되었다. 그래서 총리 대신이 일할 관저가 마련되었는데, 총리 대신 관저는 관료 정치의 중심지로, 오스만 조정의 실질적인 중심이 되었다.

톱카프 궁전 성채에 있는 총리 대신의 관저인 '바브 알리'는 오스만 제국의 술탄이 조정의 업무를 총리 대신에게 위임하면서 생기게 되었다. 국

톱카프 궁전 성채에 있는 총리 대신 관저인 바브 알리. 이곳은 오스만 제국의 술탄이 조정의 업무를 총리 대신에게 위임하면서 생기게 되었다.

사를 논의하던 어전 회의가 톱카프 궁전에서 총리 대신 관저에서 공식화되어 열린 시기는 메흐메드 4세 술탄 시기인 1654년부터였다. 총리 대신 관저는 처음에는 사령관의 문이라는 뜻으로 '파샤 카프스' 라고 불렸다. 18세기에 들어서면서 파샤 카프스는 '바브 알리' 로 불리게 되었다. 바브는 아랍어로 '문' 이라는 뜻이고, 알리는 '높은' 이라는 뜻으로, 바브 알리는 페르시아식 표현이다. 유럽 사람들은 숭고한 문이라는 뜻으로 '서블라임 포르테(Sublime Porte)' 라고 불렀고, 시간이 지남에 따라 '포르테' 는 오스만 제국의 조정을 호칭하는 말이 되었다.

현재 성 소피아 성당 근처 '알렘다르 잣데씨' 에 있는 이스탄불 도청 건물의 한 출입문이 과거 바브 알리 건물의 출입문을 재현해놓은 것이다. 원래의 바브 알리는 화재로 불타 완전히 없어졌다. 오스만 제국의 후반기인 압둘메지드(1839~1861)와 압둘아지즈(1861~1876) 시대에 이르러서도 오스만 조정보다는 바브 알리로 정치력이 완전히 집중되었다. 이 시대 바브 알리에는 300~500여 명의 관리와 수종들이 살았으며, 당시 대외 관계에서 중요한 아랍어와 불어 통역관도 이곳에서 양성되었다. 압둘하미드 2세 (1876~1909) 시대에 이르러 바브 알리의 실세는 사라지게 되었다.

바브 알리 바로 맞은편에 '알라이 쾨쉬크' 가 있다. 알라이는 '행진' 이라는 뜻이고 쾨쉬크는 '별장' 이라는 뜻이다. 이곳은 술탄이 전장에 출정하는 병사들의 행진을 지켜보던 곳이다. 그 외에도 술탄은 이곳에서 수공업자 행상들이 며칠 간 진행하는 묘기 행렬을 지켜보았다. 알라이 쾨쉬크는 톱카프 궁전의 바깥쪽 성벽에 붙어 있다. 바브 알리와 알라이 쾨쉬크는 현재 좁은 거리를 사이에 두고 서로 마주 보고 있다. 로코코 형식으로 된 지붕이 있는 현재의 바브 알리는 1843년에 과거의 모습으로 재현해놓아 새 것이지만, 알라이 쾨쉬크는 세월의 풍상과 도시의 먼지 속에 퇴색된 데다 건물 하반부에 광고물들이 여기저기 붙어 있어 술탄이 내려다보았을 옛날의 모습을 가늠하기는 쉽지 않다.

성 소피아 성당, 비잔틴 제국 최대의 걸작

성 소피아 성당은 비잔틴 건축의 대표이자 최대 규모를 자랑하며, 비잔틴 건축의 특징을 가장 잘 표현하고 있다. 이 건축물은 5세기에 건축되어 천 년 동안 세계 최대의 크기를 과시하던 성당으로 시각적인 아름다움은 미의 극치를 이루고 있다. 이 때문에 성 소피아 성당은 세계의 경이로운 건축물이라는 평가를 받고 있다. 비잔틴 건축 중 최대 규모에 걸맞는 넓은 내부 공간을 가지고 있어 종교 의식과 국가 주요 행사를 성대하게 치를 수 있었다. 소피아는 '지혜'라는 뜻으로, 현재의 성 소피아 성당은 같은 이름으로 그 자리에 세워진 세 번째 건축물이다. 첫 번째 성 소피아 성당은 360년 2월 콘스탄티누스 황제 때 건축되었으나, 404년 6월 반란 시 시민들에 의한 방화로 아르카디우스 황제 때 소실되었다. 이어 두 번째 성당이 415년에 다시 세워졌으나, 이것도 역시 532년 1월 니카의 반란 때 방화로 소실되었다. 세 번째 성당 건축물은 유스티니아누스 황제(527~565)에 의해서 532년 2월에 착공되어 537년 12월 26일에 완공되었다.

히포드럼에서 일어난 니카의 반란은 유스티니아누스 황제가 성 소피아 성당을 짓고 콘스탄티노플을 재건하게 된 계기가 되었다. 8일 간 계속된 니카의 반란은 비잔티움의 수도 콘스탄티노플을 무정부 상태로 빠뜨린 대규모 반란이었다. 로마의 도시에서는 히포드럼에서 열리는 전차 경주를 응원

성 소피아 성당은 비잔틴 건축의 대표이자 최대 규모를 자랑하며, 비잔틴 건축의 특징을 가장 잘 표현하고 있다.

하기 위해 적색파, 백색파, 청색파, 녹색파라는 파벌이 있었다. 그러나 유스티니아누스 황제 시대에 이르러서는 적색파와 백색파는 청색파와 녹색파의 세력에 크게 밀려 청색파와 녹색파의 양대 구조나 마찬가지였다. 황제와 원로원 의원들도 이 두 파벌을 이용하여 정치적, 종교적인 목적을 달성하기도 하였다. 경마장에서 응원단으로 시작한 파벌은 정치적인 성격을 띠게 되었고, 점차 격렬한 양상으로 변질되었다. 유스티니아누스 황제는 청색파를 지원하면서 황제가 되었지만, 532년 경기장에서 청, 녹색파 간에 싸움이 벌어져 치안 부재 상황을 초래하자, 양 파 간의 싸움을 징계하기 위해 청색파, 녹색파 주동자에게 사형을 언도하였다. 두 파벌은 이들을 석방시키기 위해 연합하기로 결정하고, 황제와 맞서게 되었다. 그들은 승리라는 뜻의 '니카'를 외치면서 온 도시의 공공 건물을 부수고 방화하였다.

성 소피아 성당은 비잔틴과 오스만 제국 시대에 몇 차례 개·보수되었지만, 현재의 모습은 건축 당시의 원형을 유지하고 있다. 이 성당의 중앙에 있는 돔은 영원을 상징하는 것으로 돔의 큰 규모 때문에 보는 사람들을 매혹시킨다. 성 소피아 성당은 916년 간은 성당, 481년 간은 이슬람 사원으로 사용되었고, 1934년에 박물관으로 지정된 이후 공식적으로 '아야 소피아 박물관'으로 부르고 있다. 성 소피아 성당은 도시 속에서 보는 '문명의 스펙터클'로, 기독교는 물론 이슬람 세계로부터 이목과 사랑을 받고 있다.

두 번째 성당이 시민의 반란으로 불타 없어지자, 유스티니아누스 황제는 집권 5년째 되는 해 로마 제국의 영광을 과시하기 위해 자신의 자존심을 걸고 화재로 없어진 성당보다도 더 크며, 신성한 공간이 있어 종교 의식을 성대하게 치를 수 있고, 화재에도 견딜 수 있는 견고한 성당을 건립하도록 명령하였다. 황제의 명에 따라 각지에 있는 건축 자재들이 콘스탄티노플로 보내졌고, 당대 유명한 건축 기사들이 동원되었다. 5년 10개월의 공사를 거쳐 낙성식을 가진 유스티니아누스 황제는 성당에 들어서자마자 성당의 놀라운 위용에 감탄하고 "예루살렘의 대성전을 지은 솔로몬 당신을 내가 능가했소"라고 외치며, 이런 걸작품을 만드는 기회를 주신 신에게 감사의 기도를 올렸다.

수학자이자 물리학자인 안테미우스와 기하학자인 이시도로스의 합작인 성 소피아 성당은 중앙에 직경 32.5m의 돔이 있고, 하부는 사각 평면에 네 개의 기둥을 두었다. 15층 건물 높이인 성 소피아 성당은 커다란 돔과 아치의 횡력을 해결하기 위해 작은 반(半) 돔과 버팀 구조가 사용되었다. 건물의 총면적은 7,570㎡이며, 중앙 돔 정점까지의 높이는 바닥에서 56.6m이다. 내부 공간 크기는 75m×70m 이다.

성 소피아 성당은 돔으로 만들어진 건물 중 백미(白眉)로 꼽힌다. 중앙 돔의 무게는 서쪽과 동쪽에 있는 반원형 돔과 북쪽과 남쪽에 있는 육중한 버팀벽으로 상쇄되고 있다. 중앙 돔에는 40개의 창이 있는데, 이 창으로 빛이 들어와 성당 안을 밝혀준다. 당시에는 유리가 없었으므로 대리석 투조판(透彫板)을 사용하여 창을 만들었다. 서쪽에 있는 네 개의 창은 10세기경 보수할 때 파손되어 채광이 안 되고 있다. 중앙 내부로 들어가면 기둥을 많이 쓰지 않는 돔 건축물의 특성 때문에 중앙부가 아주 넓어 보이고, 고개를 들어 위를 바라보면 거대한 돔이 올려져 있어, 이를 바라보는 사람들은 건축물의 위용에 한순간에 제압되고 만다. 성 소피아 성당은 기독교 3대 기둥의 하나인 동방 정교회의 수장인 대주교가 있는 곳으로 비잔틴 제국 당시

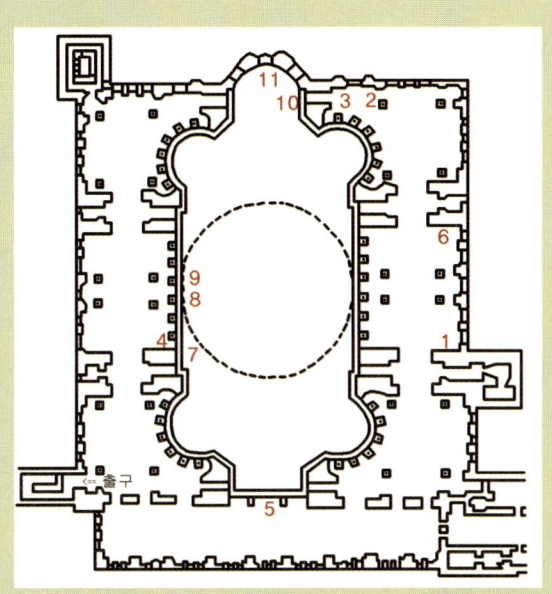

성 소피아 성당에 모자이크가 있는 곳을 나타내는 약도. 1 최후의 심판, 2 요하네스 콤네노스 2세와 황후 이레네, 그리고 아들 알렉시우스, 3 콘스탄티누스 9세와 조에, 4 알렉산드로스, 5 비잔틴 황후가 앉는 자리, 6 단돌로의 석묘, 7 성 이그나티우스, 8 성 요한 크리소스톰, 9 성 이그나티우스 테오포루스, 10 가브리엘 천사, 11 성모 마리아와 아기 예수.

기독교 신앙의 중심 역할을 하였다.

　1453년 오스만 제국의 메흐메드 술탄이 콘스탄티노플을 정복하자 무슬림의 성전 관습에 따라 3일 간의 약탈이 허용되었으나, 메흐메드 2세도 성당의 위용과 아름다움에 압도되어 성당 건물을 파괴하지 말도록 명령하였다. 이 때문에 성당 건물은 파괴되지 않았지만, 비잔틴 제국의 대성당은 이슬람 사원이 되었고, 모자이크로 된 기독교 성화는 회칠로 덮여졌다. 오스만 제국 당시 성당 건물 바깥에 네 개의 미나레(이슬람 사원에 세우는 첨탑)가 세워졌다. 동남쪽의 미나레는 메흐메드 2세가, 북동쪽 것은 바예지드 2세가, 서쪽의 두 개는 무라드 3세가 세웠다. 압둘메지드 술탄은 스위스 건축가인 포사티 형제의 책임 아래 1847~1849년 간 대규모 복구 사업을 추진하였다. 이후에도 소규모 복구 작업이 진행되었다. 1930년대 미국인 학자에 의해 시작된 성화 복원 작업으로 회칠로 덮여진 성화들이 하나하나 옛 모습을 드러내게 되었다. 지금 와서 보면 오스만 제국의 메흐메드 술탄이 성 소피아 성당에 남아 있던 모자이크 성상을 파괴하지 않고 회칠을 해놓은 것은 정말 다행한 일이 아닐 수 없다.

    성 소피아 성당 내부에는 성화가 많이 남아 있다. 이들 성화는 9세기 이후의 것으로 보고 있다. 왜냐하면 성상(聖像)의 표현을 우상 숭배라고 금지하여 727~843년 간 성상 제작 자체를 금지하였기 때문이다. 성상 숭배가 지나친 것을 걱정하고 있던 비잔틴 제국의 레오 3세가 궁전 문에 있는 성상을 철거하도록 명을 내린 것이 성상 파괴 운동의 시작이었다. 동로마 교회의 주장에 따르면, 예수나 동정녀 마리아는 형상으로 표현할 수 없는 것인데, 이들을 그림으로 나타내는 것은 그분들에게 있는 인성과 신성의 불가분성을 표현하지 못하고 인성만을 표현하는 것이며, 더구나 이를 숭배하는 것은 그리스인들이 하던 우상 숭배를 재현하는 것이라고 보았다. 성상 파괴 운동으로 모든 형상이 교회에서 제거되고 교회 내부의 벽화나 모자이크 등이 없어지게 되었다. 동로마 교회에 의한 성상 파괴 운동은 성상 제작을 옹호하는 서로마 교회와 치유할 수 없는 분열 사태를 가져왔다.

    오스만 제국이 콘스탄티노플을 점령하면서 성 소피아 성당 내부에는 이

성당 안에는 신, 모하메드와 네 명의 후계자의 이름을 아랍어로 쓴 직경 7.5m의 둥근 원판 일곱 개가 걸려 있다.

슬람식의 소형 건축물이 추가로 세워졌다. 성당의 중앙 부분 안쪽에는 사우디 아라비아의 이슬람 중심지 메카를 상징하는 미흐랍(이슬람 사원의 벽감)이 있고, 오른쪽에는 이슬람 예배 시 기도를 인도하는 사람인 '무에진'이 사용한 기도대가 있으며, 왼쪽에는 오스만 술탄을 위해 1849년에 만든 옥좌가 있다. 또한 성당 안에는 신, 모하메드와 네 명의 후계자의 이름을 아랍어로 쓴 직경 7.5m의 둥근 원판 일곱 개가 걸려 있다. 이 원판은 1934년에 성 소피아 사원이 박물관으로 지정되면서 철거되었으나, 1940년대 다시 제 자리에 걸리게 되었다.

본당의 안쪽에 있는 돔에는 아기 예수를 안은 성모 마리아의 모자이크가 있고, 그 옆에는 가브리엘 천사의 모자이크가 남아 있다. 아기 예수를 안은 성모 마리아와 가브리엘 천사 모자이크는 이층의 왼쪽 복도 끝에 가서 보면 잘 볼 수 있다. 성서에 나오는 천사 가브리엘은 이슬람교의 창시자인 모하메드에게도 신의 계시를 전한 것으로 기록되고 있는데, 이는 이슬람교도 그리스도교와 같은 뿌리를 갖고 있다는 것을 의미한다. 성 소피아 성당의 이층 회랑에도 대표적인 모자이크가 남아 있다. 이층으로 올라가면 모자이크를 설명한 안내판이 있다. 이 안내판에 있는 성 요한 크리소스톰(8번)과 성 이그나티우스 테오포루스(9번) 모자이크는 중앙 원형 돔을 지지하는 오른쪽 벽면에 있는데, 성당 현관 쪽에서는 잘 보이지 않지만, 이층 오른쪽 복도에서 뚜렷하게 볼 수 있다.

이층 오른쪽 복도에 있는 모자이크(1번)는 최후의 심판에 관한 것이다. 왼쪽의 성모 마리아와 오른쪽의 세례자 요한이 예수를 사이에 두고 있는데, 인간의 죄를 용서해달라는 기도를 묘사한 것이다. 이 모자이크는 윗부분만 복원되어 있다. 오른쪽 복도 안쪽 벽에 있는 모자이크(2번)는 요하네스 콤네소스 2세와 이레네 황후가 아들인 알렉시우스와 함께 헌금을 봉헌하는 장면이며, 또 다른 모자이크(3번)는 콘스탄티누스 9세와 황후 조에가 예수에게 헌금을 봉헌하는 장면이다. 황후 조에에게는 세 명의 남편이 있

성모 마리아와 아기 예수.

최후의 심판에 관한 이 모자이크는 윗부분만 복원되어 있다(위). 모자이크 3번. 콘스탄티누스 9세와 황후 조에가 예수에게 헌금을 봉헌하는 장면(아래).

었다. 원래 콘스탄티누스 9세 자리에는 첫 번째 남편인 로마누스 3세의 모자이크가 있었는데, 그가 일찍 죽자 두 번째 남편이었던 미카일의 모자이크가 들어가게 되었다. 그러나 미카일도 일찍 죽자 세 번째 남편인 콘스탄티누스 9세가 지금의 자리를 차지하게 되었다. 방향을 바꾸어, 왼쪽 복도 중간 부분에 있는 모자이크(4번)는 알렉산드로스 황제이다. 고대 마케도니아의 알렉산드로스(알렉산더) 대왕과는 이름만 같을 뿐 훌륭한 황제도 아니었다. 뛰어난 형 레오 6세를 둔 덕분에 젊어서 술로 나날을 보냈으나, 다행히 재위 기간이 짧았다.

또한 오른쪽 문 외벽 위에는 두 명의 황제와 아기 예수를 안고 있는 성모 마리아의 모자이크가 있는데, 보는 쪽에서 볼 때 오른쪽에 있는 콘스탄티누스 황제는 콘스탄티노플 도시 모형을 성모 마리아와 아기 예수에게 봉헌하고 있다. 그리고 성 소피아 성당을 지은 유스티니아누스 황제도 성 소피아 성당의 모형을 손에 들고 성모 마리아와 아기 예수에게 봉헌하고 있다. 이 모자이크는 본당 안쪽에 있는 아기 예수를 안은 성모 마리아의 모자이크와 함께 성 소피아 성당의 가장 대표적인 모자이크로 꼽히고 있다.

성 소피아 성당의 왼쪽에는 이층 회랑으로 들어가는 입구가 있다. 그곳에는 "HENRICUS DANDOLO"라고 새겨진 금속판이 있다. 단돌로는 베네치아의 총독으로 제4차 십자군 원정에 나선 라틴 기사들을 부추겨 콘스탄티노플을 공격하여 함락시키도록 한 장본인이다. 그는 콘스탄티노플 시민들에게 엄청난 세금을 부과하여 그 재정으로 베네치아를 작은 콘스탄티노플로 불릴 만큼 화려하게 꾸몄으며, 성 소피아 성당에 있던 많은 성물과 성상도 베네치아의 산 마르코 성당으로 가져갔다. 그가 1205년 6월 사망하자,

두 명의 황제와 아기 예수를 안고 있는 성모 마리아의 모자이크.

콘스탄티노플을 함락시키게 한 전공으로 성 소피아 성당에 묻히게 되었다. 그러나 얼마 지나지 않아 비잔틴 제국이 다시 콘스탄티노플에 들어서게 되자 전통에 따라 반역자인 단돌로의 석관묘는 파헤쳐지고, 그의 유골은 거리의 개에게 던져지는 저주를 받았다.

성 소피아 성당을 방문하는 사람들은 반드시 소원을 빌고 나와야 한다. 성당 내부 오른쪽에는 소망을 비는 기둥이 하나 서 있다. 기둥에는 손가락 하나가 들어갈 만한 구멍이 있는데, 이 구멍에 엄지손가락을 넣고 움직이지 않고 그대로 선 채로 손을 완전히 한 바퀴 돌게 하면서 소원을 빌면 소원

성 소피아 성당의 소망의 기둥. 작은 구멍에 엄지 손가락을 넣고 돌리면서 소원을 빈다.

이 이루어진다는 이야기다. 이 기둥과 관련한 전설이 있다. 이 성당을 지을 당시 공사 인부가 공구를 잠시 아이에게 맡기고 식사하러 갔다. 이때 천사가 나타나 공구를 지키고 있는 아이에게 인부가 어디 갔는지, 왜 일을 하지 않느냐고 물었다. 그리고 천사는 아이에게 인부를 빨리 찾아오라고 했다. 아이는 인부가 공구를 맡겼기 때문에 이곳을 떠날 수 없다고 대답했다. 그러자 천사는 "네가 돌아올 때까지 이 공구를 봐주겠다"고 약속했고, 아이는 인부를 찾으러 갔는데, 마음씨 나쁜 인부는 아이를 돌아가지 못하도록 했다. 그래서 '소망의 기둥'이 있는 곳에는 아직도 천사가 아이를 기다리고 있다고 한다.

오스만 제국의 정복자 메흐메드 술탄이 콘스탄티노플의 정복을 눈앞에 두고 있던 1453년 5월 28일, 저녁 해가 지고난 후 성 소피아 성당에서는 비잔틴 제국의 마지막 미사가 열렸다. 비잔틴의 마지막 황제인 콘스탄티누스 11세가 자정쯤 성당에 입당하여 콘스탄티노플의 평화를 간구하는 기도를 올렸다. 평화의 기도는 밤새 계속되었고, 오스만 군대의 함성과 대포 소리가 가까이 들려올수록 성당으로 피신하려는 사람들은 늘어만 갔다. 5월 29일 동이 틀 무렵 비잔틴 제국의 성벽이 무너지면서 콘스탄티노플은 함락되었다. 도시가 함락될 때까지 평화를 간구하던 비잔틴 사람들의 기도는 끝내 이루어지지 않았다.

성 소피아 성당을 나오면 경내(境內)에 세 개의 건축물이 있다. 우물 같은 분수대는 터키어로 '샤드르반'이라고 하는데, 1740년에 세워졌다. 샤드르반은 이슬람 신도들이 사원에서 예배 보기 전에 손발을 닦는 곳이다. 출구 오른쪽에는 무라드 1세 때 세운 조그만 초등학교 건물이 있고, 왼쪽에는 1849년 건축가 포사티가 성 소피아 성당을 보수할 때 세운 건물이 있는데, 이 건물에는 이슬람 기도 시간을 점검해주는 관리가 근무했다고 한다.

사실, 유스티니아누스 황제는 성 소피아 성당을 짓기 전에 '작은 성 소피아 성당'이라고 불리는 성당을 지었다. 그것은 유스티니아누스 황제와 테오도라 황후가 527년에 지은 세르기우스와 박쿠스 성당이다. 세르기우스와 박쿠스는 기독교를 믿는다는 이유로 처형된 로마 병사였다. 후에 그들은 로마 군대에서 기독교 성인으로 추앙되었다. 이 성당은 규모가 작고, 중앙 돔이 불규칙한 8각형 형태로 성 소피아 성당과는 크게 다르지만 전체적으로 성 소피아 성당과 비슷하다.

푸른 타일의 사원, 술탄 아흐메드 사원

술탄 아흐메드 사원은 히포드럼의 동쪽에 있으며, 성 소피아 성당과 마주 보는 위치에 있다. 이 사원이 있던 곳이 바로 비잔틴 제국의 궁전이 있던 자리이다. 비잔틴 제국은 성 소피아 성당이 있던 곳으로부터 술탄 아흐메드 사원과 사원 옆에 있는 모자이크 박물관이 있는 자리에 몇 개의 궁전을 세웠다. 오스만 제국이 콘스탄티노플을 정복한 후 비잔틴 궁전은 다 파괴되었고, 아흐메드 1세 황제(1603~1617)는 유스티니아누스 황제가 이룬 건축적인 성과를 능가하려는 야심으로 자신의 이름을 딴 사원을 세웠다.

이스탄불의 구시가지에서 성 소피아 성당과 술탄 아흐메드 사원이 만드는 스카이라인은 장관이 아닐 수 없다. 내부에 있는 유리창과 벽면의 타일이 파란색이 주를 이루는 까닭에 서양 사람들은 술탄 아흐메드 사원을 보통 '블루 모스크(Blue Mosque)'라고 부른다. 이 사원은 건축가 메흐메드 아아에 의해 1609년부터 짓기 시작하여 7년 만인 1616년에 완공되었다.

아흐메드 1세 술탄은 선친인 무라드 3세가 심장마비로 37세에 죽자, 오스만 제국의 14대 술탄으로 14살 때 즉위하였다. 그는 1590년에 마니사에서 태어났다. 안전한 왕권을 유지하기 위해 형제를 살해하였던 선조들의 전통을 깨고, 왕가 중 가장 연장자가 왕위를 승계하도록 하는 원칙을 세운 술탄으로 유명하다. 종교적이며 예술을 사랑한 아흐메드 1세는 이스탄불

술탄 아흐메드 사원은 히포드럼의 동쪽에 있으며, 성 소피아 성당과 마주 보는 위치에 있다. 상단 왼쪽에 있는 건축물이 성 소피아 성당이다.

의 재건에 관심을 보여 히포드럼을 재정비하고, 그 옆에 여섯 개의 미나레가 딸린 사원을 세웠다. 그는 불행하게도 자신의 이름을 딴 사원이 완공된 지 일 년 만인 27세 젊은 나이에 지병인 위장병으로 사망하였다.

블루 모스크는 사원의 주 건물과 이에 딸린 마당 부분으로 구성되어 있는데, 마당 부분의 크기도 주 건물의 크기와 거의 비슷하다. 마당 부분은 사방으로 연결된 26개의 기둥이 있고, 그 위에는 30개의 작은 돔이 지붕을 만들고 있다. 중정(中庭)이라 할 수 있는 마당 한가운데에는 육각형의 분수대가 서 있다. 이슬람 사원에서 예배를 보기 위해서는 이곳에서 손발을 닦는 의식을 가졌으나, 지금은 그 기능을 하지 않고 있다. 이슬람 신도들은 남쪽과 북쪽 벽면에 있는 수도 시설에서 예배를 보기 전에 손발을 닦는다.

　블루 모스크도 돔으로 구성된 건축물이기 때문에 외관상 성 소피아 성당과 유사해 보인다. 사원의 내부도 넓은 공간과 중앙의 큰 돔 때문에 성 소피아 성당과 비슷하다는 느낌을 준다. 그러나 실제로 두 건축물은 내부 공간과 돔 크기 면에서 차이가 많다. 성 소피아 성당의 내부 공간 크기가 75m×70m인 반면, 블루 모스크의 내부 공간은 거의 직사각형에 가까운 51m×53m이고, 성 소피아 성당의 중앙 돔의 직경과 높이가 각각 32.5m, 56.6m인 반면, 블루 모스크의 경우는 각각 23.5m, 43m로 성 소피아 성당이 블루 모스크보다 크다는 것을 알 수 있다. 성 소피아 성당과 블루 모스크, 두 건축물의 가장 뚜렷한 공통점은 중앙 돔에 있다. 블루 모스크의 중앙 돔은 성 소피아 성당의 중앙 돔을 그대로 모방한 것이지만, 블루 모스크는 건축적인 구조 면에서 변화를 시도하여 전통적인 오스만 건축 양식을 나타냈다.

　블루 모스크는 돔으로 구성되어 안정감이 있으며, 중앙의 큰 돔은 네 개의 작은 돔이 받치고 있다. 블루 모스크는 네 개의 큰 기둥으로 받쳐지고 있다. 사원의 채광은 260개의 창에서 이루어진다. 조그만 창들은 색깔이 있는 유리로 되어 있다. 지금의 색상 유리는 원래의 것이 아니라 모조품이다. 사원 내부 벽의 아래쪽은 이즈닉에서 생산된 2만 1,000개의 중국풍 청색 타일로 장식되어 있다. 이즈닉 타일의 문양은 백합, 카네이션, 튤립, 장미 같은

술탄 아흐메드 사원 내부. 내부에 있는 유리창과 벽면의 타일이 파란색이 주를 이루는 까닭에 서양 사람들은 술탄 아흐메드 사원을 '블루 모스크'라고 부른다.

꽃과 상록수류의 나무들이다. 창과 타일에서 나타나는 가장 대표적인 색깔은 보는 사람들의 시선을 끌어당기는 푸른색이다. 크고 작은 돔의 균형과 사원 양쪽에 쭉 뻗어 세워진 미나레를 가진 술탄 아흐메드 사원은 건축적인 아름다움 면에서는 성 소피아 성당을 능가하는 것으로 평가받고 있다.

사원의 북동쪽 코너에는 오스만 술탄이 사원에서 예배를 보기 전이나,

술탄 아흐메드 사원 미흐랍. 신도들은 예배 시 사우디아라비아의 메카 방향을 표시하고 있는 미흐랍을 향해 서 있다.

예배를 본 후 잠시 쉬기 위해 만든 조그만 건축물이 있다. 황실(皇室)이라는 뜻으로 '휜카르 카스르'라고 부른다. 황제는 톱카프 궁전에서 나와 휜카르 카스르를 거쳐 사원 안에 있는 왕좌에서 예배를 보았다. 휜카르 카스르는 현재 카펫 박물관으로 사용되고 있으며, 이 박물관에는 오스만 시대에 전국에서 생산된 카펫이 전시되어 있으며, 황제가 출정 시 야전에서 사용한 텐트도 전시되어 있다.

무슬림들의 예배는 서양인들이 하는 예배와는 형식이나 절차 면에서 크게 다르다. 이슬람 사원에서 신도들은 옆으로 한 줄로 죽 서서 예배를 본다. 사원의 내부 공간이 넓으면 몇 줄이 될 수 있다. 신도들은 사우디 아라비아의 메카 방향을 표시하고 있는 미흐랍을 향해 서 있다. 예배는 이맘이 인도

한다. 이슬람에서 이맘은 기독교에서의 사제나 신부도 아니며, 목사도 아니다. 그야말로 예배 인도자다. 그는 예배 시 정해진 종교 의식으로 신도들을 인도하는 안내자일 뿐이다. 말하자면 성직자가 아니라는 뜻이다.

이슬람에는 성직자 제도가 없다. 이슬람 종교에 성직자가 없다는 것은 기독교, 유대교, 불교 등 다른 종교와 구별되는 중요한 차이점이다. 또 하나 이슬람의 특징은 인간과 하나님 사이에 어떠한 영적 중간 매개체를 두지 않는다는 것이다. 하나님은 유일한 절대적 존재이므로, 인간은 하나님에게 직접 회개하고 호소하며 구원을 청한다. 그래서 이슬람 사원에는 제단이나 성역이 없다.

사원에서의 예배 의식은 단순하면서도 엄숙하게 진행된다. 예배 시 음악이나 춤은 허용되지 않는다. 사원 안에는 조각상이나 그림 같은 것도 두지 않는다. 무슬림 신앙 세계에서는 우상 숭배 같은 것은 신에 대한 모독이기 때문이다. 사원 안에 장식품이 있다면, 그것은 코란 경전에서 따온 아랍어로 된 성구(聖句)인데, 아랍어 서체는 이슬람 예술의 극치를 이루었다. 코란은 마지막 예언자인 모하메드가 신으로부터 받은 계시 내용을 집대성한 것으로 이슬람의 가르침이다. 무슬림들이 말하는 '알라'는 우리들이 말하는 절대자 하나님과 같은 뜻이다. 이슬람 신도들은 하루에 다섯 번 예배를 보며, 금요일 예배를 가장 성스럽게 생각한다.

블루 모스크를 포함하여 이슬람 사원을 들어가기 위해서는 신발을 벗어야 한다. 여자들은 사원에 준비되어 있는 머리 스카프를 써야 한다. 이슬람 사원은 입장료는 없지만, 원한다면 출구에 준비된 헌금 상자에 소액의 돈을 넣으면 된다.

히포드럼(경마장)

술탄 아흐메드 사원, 즉 블루 모스크 정문 앞에는 히포드럼 광장이 있다. 터키어로는 '아트메이다느' 라고 한다. 아트는 '말(馬)' 이라는 뜻이고, 메이다느는 '광장' 이라는 뜻이다. 성 소피아 성당이 콘스탄티노플의 종교적 중심이었다면, 히포드럼은 도시 시민들을 위한 여흥과 놀이의 중심이었다. 히포드럼은 영화 벤허에서 보는 것과 같은 이륜 마차(二輪馬車) 경기장이었다. 이륜 마차 경기를 관람하는 시민들은 청팀과 녹팀으로 나뉘어 응원하였다. 그런데 응원팀으로 나뉘어진 청팀과 녹팀은 점차 정치색을 띄게 되었고, 특히 종교 문제를 놓고 적대 관계에 이르는 상황에까지 가게 되었다. 비잔틴 제국의 정치, 경제, 종교 문제에 대해 마치 흑백으로 갈라진 두 팀은 히포드럼에서 격렬하게 싸우기도 하고, 폭동을 일으키기도 하였다. 히포드럼에서 일어난 폭동 중 가장 유명한 것은 532년에 일어난 '니카의 반란' 이다.

히포드럼의 건설은 203년 셉티미우스 세베루스 황제가 시작하였으며, 후에 콘스탄티누스 황제가 증축하였다. 광장의 폭은 117.5m, 길이는 480m이다. 관람객은 최대 10만 명을 수용했을 것으로 보고 있다. 광장의 중앙부에는 오벨리스크와 두 개의 기둥이 자리하고 있고, 히포드럼의 북동쪽 끝에는 독일 황제가 선물로 세운 분수대가 있다. 이들이 히포드럼 광장에 남

히포드럼 광장의 오벨리스크. 이집트의 투트모스 3세의 전승을 기리기 위해 만들어진 것을 4세기경 콘스탄티누스 대제가 이집트에서 가져온 것으로 알려져 있다.

아 있는 역사적 기념물이다.

    히포드럼 광장에서 가장 눈에 들어오는 기념물은 역시 이집트에서 가져온 오벨리스크(방첨탑 方尖塔)이다. 이 오벨리스크는 이집트의 투트모스 3

세(기원전 1549~1503)의 전승을 기리기 위해 만들었다고 한다. 오벨리스크는 4세기경 콘스탄티누스 대제가 이집트에서 가져온 것으로 알려지고 있다. 비잔틴 사람들은 이집트에서 가져온 오벨리스크를 세우지 못해, 몇 년간 해변가에 누워 있는 상태로 둘 수밖에 없었다. 해변가에 있던 오벨리스크를 390년에 지금의 자리로 옮겨 세운 황제는 테오도시우스였다. 오벨리스크는 이층으로 된 기단 위에 세워졌는데, 오벨리스크 자체만의 높이는 19m이고, 기단까지 합한 높이는 25m이다.

오벨리스크의 문구를 보면, 동쪽 면에는 바다와 강의 정복자로서 상류와 하류 이집트의 주인이자 18왕조의 왕인 투트모스 3세의 즉위 30주년을 영원히 기념하기 위해 오벨리스크를 세웠다고 기록해놓았다. 남쪽 면 기둥에는 태양의 아들이자 전능한, 상류와 하류 이집트의 지배자인 투트모스는 메소포타미아를 넘어갔으며, 군대의 수장으로 지중해에서 그의 힘을 보여주었고, 큰 전쟁에서 싸웠다고 기록되어 있다. 서쪽 면에는 이마에 상류와 하류 이집트의 왕관을 쓴 태양의 아들인 투트모스가 아모나 신에게 감사를 드린 후 그의 아버지인 아몬라 신을 위해 이것을 세웠노라고 새겨져 있다. 마지막으로 북쪽 면에는 투트모스는 나라의 땅을 메소포타미아까지 넓혀준 신에게 감사를 드렸다고 기록되어 있다.

오벨리스크 기단에는 황제와 그 가족이 히포드럼의 옥좌에 앉아 있는 모습이 새겨져 있다. 기단 동쪽 면에는 황제가 승리자에게 금관을 씌워주는 모습, 서쪽 면에는 정복당한 적으로부터 충성 서약을 받는 모습, 남쪽 면 하단에는 경기를 관람하는 황제의 모습, 북쪽에는 황제가 오벨리스크를 세우는 것을 도와주는 모습이 있다. 기단에 있는 그리스어와 라틴어로 새겨

뱀의 기둥. 뱀 세 마리가 똬리를 틀고 있는 모습을 청동으로 형상화한 것인데, 뱀의 목 부분은 파손되어 볼 수가 없다.

뱀의 머리. 뱀 세 마리 중 한 마리의 머리가 1847년 성 소피아 성당 보수 공사를 하던 중 발견되었다.

진 글은 오벨리스크를 세운 테오도시우스 황제와 그의 문관 프로클루스를 칭송하는 것이다. 라틴어로는 오벨리스크를 세우는 데 30일이 걸렸다고 적혀 있고, 그리스어로는 32일이 걸렸다고 각각 적혀 있다.

히포드럼의 두 번째 기념물은 뱀의 기둥이다. 뱀 세 마리가 똬리를 틀고 있는 모습을 청동으로 형상화한 것인데, 뱀의 목 부분은 파손되어 볼 수 없다. 뱀의 기둥은 그리스 델포이에 있는 아폴로 신전에 있던 것을 콘스탄티누스 대제가 가져온 것이다. 이 기둥은 그리스가 페르시아와 가진 플라타이아 전쟁(기원전 479년)에서 이긴 것을 기념하기 위해 세운 것이라 한다. 페르시아와의 전쟁에서 그리스는 31개 도시가 연합하여 페르시아의 크세르크세스의 170만 대군을 무찔렀는데, 이 기념물은 페르시아 병사들의 방패를 녹여 만든 것이다. 뱀 기둥은 처음에는 성 소피아 성당에 있다가, 그 후에 히포드럼으로 옮겨졌다고 한다.

　뱀 세 마리 중 한 마리의 머리가 1847년 성 소피아 성당 보수 공사를 하면서 발견되어 이스탄불 고고학 박물관 내 히포드럼을 설명하는 부분에 전시되어 있다. 뱀의 머리 부분을 포함한 원래의 뱀 기둥 모양은 이슬람 세밀화에서도 확인할 수 있고, 성 소피아 성당 입구에 성당의 역사를 설명한 안내판 한 곳에서도 뱀 머리 부분이 그려져 있다. 뱀의 머리 부분이 없어진 데 대해서는 여러 가지 설이 내려온다. 세 마리의 뱀 입에서는 한때 포도주, 우유와 꿀이 나왔다고 한다. 그런데 테오필리우스 대주교는 그것이 사악하다고 보고, 어느 날 밤 용의 머리를 가진 도끼로 뱀의 머리를 부쉈다. 그러나 감시자가 나타나는 바람에 그는 뱀 머리 한 개를 남겨 놓게 되었다. 그러던 어느 날 이제는 오스만 제국의 술탄이 뱀 머리가 해를 끼친다며 하나 남은 것마저 부셔버렸는데, 그러자 시내에는 뱀들이 우글거렸다고 한다.

　세 번째 기념물은 히포드럼 남쪽 끝에 서 있는 32m의 돌기둥이다. 이 기둥은 콘스탄티누스 7세(913~959)가 선왕의 공적을 기리기 위해 황동과 청동으로 만든 것이라 한다. 기둥 꼭대기에는 도르래가 있었기 때문에 이를 이용하여 큰 천막을 설치하여 경기를 관람하는 사람들이 햇볕을 피할 수 있었다고 한다. 기둥에 붙어 있던 황동과 청동은 1204년 라틴 기사들이 콘스탄티노플을 침략할 때 동전을 만들기 위해 다 뜯어갔다고 한다. 이 기둥의 꼭대기 부분은 원래 삼각형이었으나, 이 부분이 파손되자 보는 사람이 높이를 가늠할 수 있도록 지금은 얇은 철 기둥을 꽂아놓았다. 현재 이 기둥은 돌 부분만 앙상하게 남아 있어 무슨 기둥이 서 있는지 알아보기 힘들다.

돌기둥 옆에 있는 건물은 마르마라 대학교 총장실 건물이다. 이 건물은 19세기 이탈리아 건축가 라이몬도 다론코가 세운 것으로 처음에는 예술 학교로 사용되었다. 그 후 농업부, 산림부, 광업부 건물로 사용되었다. 1977년에 일어난 화재로 파괴되었으나 복원되어 현재는 대학 총장실로 사용되고 있다. 이륜 마차가 입장했던 지점에는 독일 빌헬름 2세가 오스만 제국의 술탄을 위해 세웠다는 분수대가 있다. 이 분수대는 1898년 빌헬름 2세의 이스탄불 방문을 기념하기 위하여 독일에서 제작되어 1900년에 조립 설치된 것이다. 분수대의 지붕 돔은 금 모자이크로 아름답게 장식되어 있고, 분수대는 여덟 개의 기둥이 받히고 있다.

터키 이슬람 예술 박물관

히포드럼을 사이에 두고 블루 모스크 맞은편에 있는 궁전이 이브라힘 파샤 궁전이다. 이브라힘 파샤 궁전은 16세기 오스만 건축의 중요한 대표작이라는 평가를 받고 있다. 이 궁전이 언제 왜 건축되었는지 정확히 알려지지 않지만, 카누니 쉴레이만 황제는 1520년에 이 궁전을 총리 대신인 이브라힘 파샤에게 선물로 주었다. 이 궁전에서는 많은 축제와 의식 행사가 열렸다. 이브라힘 파샤는 1536년에 살해되었지만, 그의 이름을 딴 궁전의 이름은 그대로 유지되었다. 그 이후 예니체리 병사들을 위한 군 막사, 형무소 등으로 사용되어오다가 대대적인 보수 작업을 거쳐 1983년에 터키 이슬람 예술 박물관으로 개관되었다.

이브라힘 파샤는 원래 그리스인으로 이슬람으로 개종하여 쉴레이만 술탄의 총애를 받고 총리 대신으로 임명된 인물이다. 그는 1523년에 총리 대신으로 임명된 다음 해에 쉴레이만 술탄의 여동생과 결혼하였다. 총리 대신인 이브라힘 파샤가 얼마나 영향력 있는 사람이었는지는 이 궁전이 황제의 궁전인 톱카프 궁전에 있던 어떤 건축물보다도 규모가 큰 데서 알 수 있다. 이브라힘 파샤는 자신을 총애하던 쉴레이만 술탄을 위해 13년 간 총리 대신 역할을 충실하게 수행하였다. 그는 막강한 부와 권력을 가진 재상으로 유명하다. 그러나 쉴레이만 재위 후반기에 황후였던 록셀라나의 영향력

아래 그의 힘은 무력하게 되었다. 이브라힘 파샤에 대한 쉴레이만 술탄의 신임이 두터워지는 가운데, 록셀라나는 술탄에게 이브라힘이 왕권에 도전할 수 있으므로 이를 제거해야 한다고 설득하기 시작하였다. 휘렘 술탄이라고도 불리는 록셀라나는 오스만 시대에 여인 섭정 시대를 연 사람으로 다른 소실에서 태어난 무스타파를 지지하는 이브라힘을 권력 무대에서 제거하기 위해 갖가지 음모와 공작을 펼쳤다. 쉴레이만은 록셀라나의 꼬임에 빠져 이브라힘 파샤를 제거하였다. 술탄과 저녁을 같이 한 후, 이브라힘 파샤는 그날 저녁 살해되었다.

입구에 들어서면 이층으로 올라가는 계단이 있다. 전시장으로 들어서는 계단 왼쪽에 무궁화 나무 한 그루가 방문객을 맞고 있는 것이 한국인 방문객에게는 인상적이다. 정원 왼쪽에는 히포드럼이 내려다보이는 발코니가 있고, 오른쪽에는 발코니보다 약간 낮은 곳에 터키 전통식 커피 하우스가 있다. 궁전에 있는 큰 홀은 이브라힘 파샤 시절에 외국 사절을 접견하는 장소로 사용된 곳이다. 이곳에는 대형 카펫과 킬림이 전시되어 있고, 천연 염료를 만들기 위한 재료들도 함께 전시되어 있다. 또 다른 전시관에는 아나톨리아에 살던 사람들의 생활상을 보여주는 의상, 그릇 등 주거 형태가 전시되어 있다. 이곳에는 동부 지역 터키 유목민들이 사용했던 카라 차드르(검은 텐트)가 있다. 이외에 오스만 시대의 아랍어 서체, 술탄의 칙령, 술탄의 이름을 쓴 투우라(술탄의 칙서 등에 문장紋章으로 사용했던 인장 같은 것) 등이 전시되어 있다. 오스만 제국 시대에 유행했던 세밀화도 몇 점 전시되어 있다.

비잔틴의 지하 저수지

이스탄불에는 도심을 가로지르는 수도교(水道橋)가 있다. 비잔틴 저수지의 터키식 이름은 '예레바탄 사라이' 이다. 예레바탄은 '땅으로 가라앉은' 이라는 뜻이고 사라이는 '궁전' 이라는 뜻이다. 발렌스 황제(364~378)가 지었다 하여 발렌스 수도교라고도 부른다. 이 수도교는 높이 26m의 2층 형식의 연속 아치로 길이가 1km였으나, 현재는 800m 정도만 남아 있다. 이 수도교는 이스탄불 서북쪽 19km 떨어진 벨그라드 숲에서 나오는 청량수를 지하 저수지로 수송하기 위한 것이었다. 벨그라드 숲은 1521년 쉴레이만 대제가 유고의 베오그라드를 정복하고 그곳에 있는 숲을 본떠 조성한 것이다.

지하 저수지는 폭 70m, 길이 140m로 면적은 9,800㎡이다. 한 줄에 28개의 기둥이 있는데, 12줄에 총 336개의 기둥이 있다. 기둥의 높이는 12m이다. 저수 용량은 8만㎥이다. 1985년 이스탄불 시가 대대적으로 청소하여 복원하였다.

북서쪽에는 두 개의 메두사 기둥이 있다. 메두사 기둥은 고대 로마 시대의 유적물을 옮길 때, 이곳으로 온 것으로 추정된다. 메두사 얼굴은 한 개는 완전히 거꾸로, 다른 한 개는 옆으로 누워 있다. 고대 그리스인들의 유물인 메두사를 초석으로 사용하면서 이를 거꾸로 세운 비잔틴인들의 해학이 보

비잔틴 저수지의 터키식 이름은 예레바탄 사라이이다. 청량수를 수송하기 위한 수도교는 발렌스 황제가 지었다 하여 발렌스 수도교라고도 부른다.

인다. 메두사에 관한 전설은 두 가지가 있다.

　메두사는 고르고나 자이언트의 세 자매 중 한 사람으로 그녀는 자신을 보는 사람을 돌로 변하게 하는 신비한 힘을 가지고 있었다. 그래서 불길한 징조를 막기 위해 중요한 건축물이나 개인이 중요하다고 생각하는 곳에 메두사의 조각이나 형상을 두게 되었다고 한다. 또 다른 전설은 이러하다. 메

메두사 기둥. 메두사 얼굴은 한 개는 완전히 거꾸로, 다른 한 개는 옆으로 누워 있다.

두사는 얼굴과 몸매가 예쁘고 검은 머리를 가진 아름다운 여인이었다. 그녀는 자신의 검은 머리를 자랑스럽게 생각했다. 그녀는 제우스의 아들인 페르세우스와 사랑에 빠지게 되었는데, 아테네 여신도 페르세우스를 사랑하게 된다. 이때 메두사를 시기한 아테네 여신은 메두사 머리카락을 뱀으로 변하게 만들었다. 그런데 메두사의 눈을 본 사람은 모두 돌로 변했다. 메두사가 신비한 힘을 가지고 있다고 알게 된 페르세우스는 메두사 머리를 자르고 전장에 나가 적들에게 메두사 머리를 바라보게 하고는 적들을 모두 돌로 변하게 하여 승리하였다. 이런 일이 있은 후, 비잔틴 제국 병사들이 사용하던 칼이나 제국의 중요 건축물에는 메두사의 머리 형상을 새겨놓게 되었다고 한다.

비잔틴 지하 저수지는 성 소피아 성당 북서쪽에 있는 '예레바탄 잣데씨'에 위치한다. 성 소피아 성당에서 걸어서 1~2분 거리에 있다. 532년 니카의 반란 이후에 유스티니아누스 황제 때 세워졌다. 비잔틴 궁전에 물을 공급하기 위해 만들어진 이 저수지는 오스만 제국이 정복한 이후에도 톱카프 궁전 정원의 물 공급원이 되었다. 비잔틴 지하 저수지는 1545년에 발견되었다. 이 저수지는 오스만의 콘스탄티노플 정복 이후에는 잊혀지게 되었다가, 1545년에 도시에 남아 있는 비잔틴 제국의 흔적을 찾던 프랑스인 피에르 기이가 이웃 사람들이 지하층 구멍을 통해 물을 길어 올린다는 사실을 알게 된 데서 출발하였다. 그는 마침내 사람들이 물을 길어 올리던 지하 저수지를 찾아내는 데 성공하였다.

저수지 내에 있는 미로 같은 통로에는 조도가 낮은 조명 속에 클래식 음악도 흐른다. 소규모 콘서트를 할 수 있는 공간도 마련되어 있다. 나무로 만들어진 통로를 걸어가면 머리 위에서 물방울이 떨어진다. 저수지 안에 있는 카페에서 잠깐 쉴 수 있는 것도 좋다. 기둥 대부분은 자체의 기둥 머리를 갖고 있다. 메두사 머리는 그리스의 고대 도시 에페스나 디딤에서 가져온 것으로 추정된다.

비잔틴 모자이크 박물관

　비잔틴 모자이크 박물관은 블루 모스크 바로 뒤편에 있다. 블루 모스크의 남쪽에 있는 모자이크 박물관은 비잔틴 왕궁의 북동쪽에 일부가 온전하게 남은 모자이크를 보전하기 위해 만들어졌다. 1982년에 터키의 문화부와 오스트리아 과학 아카데미 간에 체결한 약정에 따라 시작된 비잔틴 왕궁의 모자이크 복원과 보존 사업은 1997년에 완료되었다. 450~550년 간에 만들어진 모자이크는 전문가들의 피땀 흘린 노력 덕분에 현재의 모습으로 복원되었다.

　콘스탄티누스 황제가 새로운 도시로서 콘스탄티노플을 선정한 후 마르마라 해가 내려다보이는 제1언덕에 대궁전(Great Palace)을 지었다. 비잔틴의 대궁전은 오스만 제국의 톱카프 궁전처럼 한 곳에 건설되지 않고 신의 궁전, 다프네 궁전, 찰케 궁전, 마그나우라 궁전, 만가나 궁전, 부코레온 궁전 등 몇 개의 궁전으로 분리되었다. 이들 궁전을 모두 합쳐 대궁전이라 불렀다. 대궁전이 위치한 곳은 모자이크 박물관, 블루 모스크, 성 소피아 성당에 이르는 지역이었다. 비잔틴의 대궁전은 라틴 기사들이 1204년 콘스탄티노플을 점령할 때까지는 세계에서 유래를 찾아볼 수 없을 만큼 화려했던 것으로 알려진다. 반 세기가 흘러 1261년 비잔틴이 잠시 라틴 기사에게 빼앗겼던 콘스탄티노플을 되찾고 주인이 되었을 때, 대궁전은 이미 과거의 모습이 아니었다. 오스만 제국이 콘스탄티노플을 정복한 후부터는 비잔틴의 대궁전은 폐허 상태로 남게 되었고, 그 자리에는 오스만의 건축물이 들어서게 되었다. 콘스탄티노플을 정복하자마자 비잔틴의 대궁전 안에 들어간 정복자 메흐메드 술탄도 황폐해진 왕궁 내부를 보고 슬픈 마음에 잠겼다고 한다.

이스탄불 구도시에 남아 있는 비잔틴 시대의 궁전으로는 테오도시우스의 성곽 끝에 있는 테크푸르 궁전이다. 테크푸르 궁전은 13~14세기경에 세워져 비잔틴 황제의 저택으로 사용되었다. 오스만 제국이 콘스탄티노플을 정복한 후에 이 궁전은 코끼리나 기린 등을 가둔 동물 우리로 사용되었다가 동물들이 다른 곳으로 이전된 뒤에는 한때 사창가로 사용되었다. 18세기 초에 이즈닉에 이어 이곳에서 테크푸르 궁전 도자기가 생산되었지만 얼마 안 가 중단되었고, 그 이후 이 궁전은 버려진 폐허가 되었다. 현재는 골조만 남아 있다.

블루 모스크는 사원 바로 옆에 '아라스타'라는 시장을 끼고 있었다. 블루 모스크에 딸린 시장터에서 1935~1938년 간 계속된 발굴 작업으로 모자이크가 깔린 대궁전의 정원이 모습을 드러냈다. 이어 1951~1954년 간 이루어진 2차 발굴 작업에서도 모자이크가 발굴되자, 아라스타 시장에 있는 상점 16개를 보수하여 현재의 박물관으로 만들었다. 비잔틴 제국의 대궁전은 사람이 다니던 길을 모두 모자이크로 장식했다고 한다.

이스탄불 고고학 박물관

고대 유물의 보고인 이스탄불 고고학 박물관은 고고학 박물관, 중근동 박물관, 치닐리 쾨쉬크(도자기관) 등 세 개의 박물관으로 구성되어 있다. 이들 박물관은 각기 별도의 건물이다. 먼저 이스탄불에 박물관이 생긴 역사를 보자. 오스만 제국 말기인 1846년부터 조정에서는 전국에 산재해 있는 역사적 유물을 수집하기 시작하였다. 수집된 유물은 처음으로 톱카프 궁전 안에 있는 성 이레네 성당에 전시, 보관되었다. 수집되는 유물이 점차 늘어나자 이번에는 타일이 있는 별장이라는 뜻의 치닐리 쾨쉬크로 유물을 옮길 수밖에 없었다. 치닐리 쾨쉬크는 오스만 제국 최초의 박물관 건물이었다. 1881년에 오스만 함디 베이가 초대 박물관장이 되었다. 그가 이룩한 업적 중 가장 두드러진 것은 1887년 시리아 시돈에서 왕의 석관묘를 발굴한 것이다. 시돈 발굴 작업에서 나온 석관묘와 유물을 전시하기에는 치닐리 쾨쉬크가 협소하여 바로 맞은편에 박물관을 세웠는데, 이 박물관은 1896년에 개관되었다. 오스만 함디 베이를 포함하여 고고학자들에 의한 발굴 작업이 늘어나면서 전시장 확충이 필요하게 되었다. 이 때문에 원 박물관 양쪽에 추가 전시관을 붙였다.

고고학 박물관은 오스만 함디 베이가 1891년에 건축을 시작하여 1896년에 완공한 데 이어, 1902년과 1908년 두 차례 원 건물 양쪽에 증축함으로써

알렉산더 대왕 석관묘 부조.

현재의 모습을 갖추게 되었다. 박물관은 이층으로 되어 있다. 아래층은 알렉산더 석관, 슬피 우는 여인상 석관, 사트랍 석관, 리키아 석관 등 사이다 왕묘에서 발굴한 석관과, 고대 도시에서 발굴된 조각상들을 전시하고 있다. 위층에는 석기, 도기, 조각 등을 포함 80만 개에 이르는 은화, 인장, 메달 등을 전시하고 있고, 7만 권의 도서를 소장한 도서관이 있다.

이스탄불 고고학 박물관의 대표적인 전시물은 1887년 시리아의 시돈에 있는 왕실 가족묘 발굴 작업에서 발굴된 알렉산더 대왕의 석관이다. 시돈 왕실 가족묘 발굴은 19세기에 있었던 큰 규모의 고고학적인 발굴 작업으로 오스만 제국 말기의 고고학자인 오스만 함디 베이가 이곳의 발굴품을 모두 이스탄불로 가져왔다. 석관의 규모나 석관 주위에 새겨진 조각상이 너무 정교하여 완벽한 조각 예술의 경지를 보여주고 있다. 이 석관이 정말 알렉

석관의 네 면에는 페르시아 군대와 그리스 군대 간의 전투 모습, 알렉산더 대왕이 페르시아 병사를 쫓는 모습, 사냥하는 모습 등이 새겨져 있다.

산더 대왕의 것인지는 아직 정확하게 밝혀지지는 않았지만, 일반인들에게는 알렉산더 대왕의 석관으로 알려져 있다.

 알렉산더 대왕의 석관은 기원전 4세기 후반의 것으로 석관의 네 면에는 페르시아 군대와 그리스 군대 간의 전투 모습, 알렉산더 대왕이 페르시아 병사를 쫓는 모습, 사냥하는 모습 등이 새겨져 있다. 석관 벽의 조각상은 알렉산더가 페르시아의 다리우스 3세 군대를 현재 아다나 근교의 이수스 평야에서 대파한 전투를 묘사한 것으로 보인다. 바로 옆에 있는 석관의 네 면에는 18명의 여인이 대왕의 죽음을 슬퍼하는 모습이 마치 사진처럼 사실적으로 조각되어 있다. 여인들은 각자 다른 표정과 자세로 슬퍼하는 모습을

슬피 우는 여인상 석관. 대왕의 죽음을 슬퍼하는 모습이 사실적으로 조각되어 있다.

하고 있는데, 여인들의 모습이 너무 사실적이라, 금방이라도 여인들의 눈에서 눈물이 흐를 것 같아 보인다.

오스만 함디 베이가 본 건물의 남동쪽에 벽을 연결하여 만든 건물은 6층 건물로 그중 4층이 박물관 전시장으로 사용되고 있다. 1층에는 어린이를

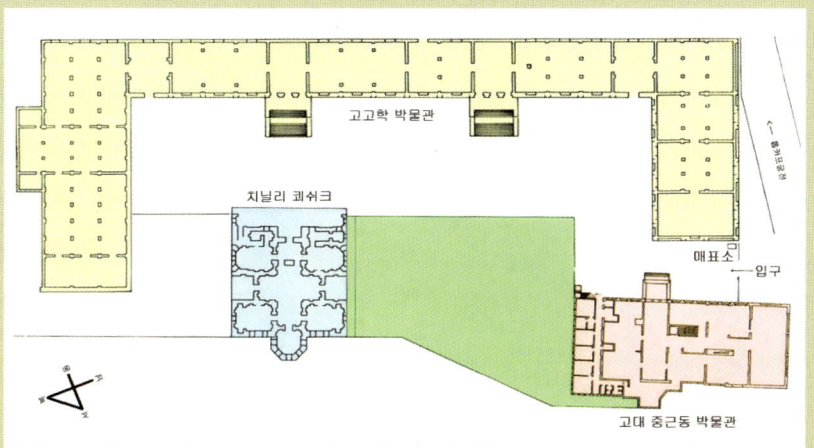

이스탄불 고고학 박물관의 세 개의 박물관 구성도.

위한 어린이 박물관으로 원시인들이 사는 모습, 트로이 목마, 신전 건축물 등이 전시되어 있다. 2층에는 시대별로 보는 이스탄불, 3층에는 시대별로 보는 아나톨리아와 트로이, 4층에는 '아나톨리아 주변 지역의 문화 : 키프로스, 시리아, 팔레스타인' 이라는 제목으로 유물이 전시되어 있다. 이층의 아나톨리아 문명관에는 트로이 역사관과 히타이트 역사관을 잘 꾸며놓았다. 트로이나 히타이트는 현재 터키 땅에서 일어난 고대 국가였다. 차낙칼레에서 30여 킬로미터 떨어진 곳에 있는 트로이는 고대 그리스 영웅 서사시에 전해 내려오는 그리스군과 트로이군 간에 일어난 전쟁으로 유명한 곳

이스탄불 고고학 박물관 내부.

이며, 초룸 근처에 있는 보아즈칼레(옛 이름 하투샤시)는 고대 히타이트 제국의 수도가 있던 곳으로 그들이 기록한 수많은 점토판이 발굴되어 최근에 역사 앞에 나오게 되었다.

중근동 박물관으로 사용되는 건물은 1883년부터 오스만 함디 베이가 예술 학교로 사용하였다. 이 박물관은 아나톨리아, 메소포타미아, 이집트, 아랍의 유물이 전시되고 있다. 아카드 왕국의 나람신의 형상, 히타이트와 이집트 람세스 2세 간에 체결한 평화 협정 점토판 등은 이 박물관이 자랑하는 소장품이다. 또한 7만 5,000개에 이르는 점토판을 소장하고 있는 점토판 자료실이 있다.

중근동 박물관에서 소장하고 있는 전시물 중 우리의 관심을 끄는 것은 히타이트의 하투실리 2세와 이집트의 람세스 2세 간에 체결된 평화 조약 점토판이다. 이 박물관에 전시된 평화 조약 점토판은 당시 국제 외교어인 아카드어로 기록되어 있으며, 국가 간에 체결된 세계 최초의 평화 조약이라는 특징이 있다. 히타이트의 무와탈리 군대와 이집트의 람세스 2세 군대가 기원전 1275년에 시리아의 오론테스 강 근처 카데쉬에서 대격전을 가졌다. 카데쉬 전투는 당시로서는 강대국 간에 있었던 최대 규모의 전쟁이었다. 평화 조약문 원본은 은판에 새겨졌다. 그러나 원본인 은판은 아직까지 발견되지 않았다. 히타이트인들이 설형 문자로 만든 점토판 복사본은 터키에 하나 남아 있고, 또 다른 복사본은 뉴욕에 있는 유엔 본부에 걸려 있다. 평화 조약문은 양국 간 불가침 조항, 도망병 인도에 관한 사항과 쌍방 중 일방이 타국의 침략을 받으면 상호 지원한다는 등의 내용을 담고 있다.

치닐리 쾨쉬크 박물관은 정복자 메흐메드 황제가 1472년에 세운 건축물로 이스탄불에 있는 오스만 제국 건축물 중 가장 오래 된 건축물 중 하나이다. 1875~1891년 간 왕립 박물관으로 사용되었다. 터키 이슬람 유물을 전시한 이 건물은 1953년에 정복자 박물관이라는 의미의 '파티흐 박물관'이라는 이름으로 개관되었다. 이 전시장에는 셀주크 시대 및 오스만 제국 시대의 도기와 세라믹 유물이 전시되고 있다. 전시장 내부와 창고에 보관된 유물은 약 2,000점에 이른다. 치닐리 쾨쉬크 앞 마당은 궁전의 병사들이 지리트 경기를 하던 곳이었다. 지리트는 말을 타고 하는 창던지기 경기이다. 이 경기는 말을 타고 나무 창을 든 두 팀의 병사들이 일정한 거리로 떨어진 후 시작한다. 지리트는 오스만 제국에서 성행한 운동으로 평시에는 병사들의 공격력과 방어력을 증가시키고, 전시에는 전쟁에 대한 승리감을 고취시키기 위해 행해졌다.

귈하네 공원

고고학 박물관 옆에는 귈하네 공원으로 들어가는 문이 있다. 귈은 '장미'라는 뜻이며, 하네는 '집'이라는 뜻이다. 키 큰 나무들이 들어찬 귈하네 공원은 시민들과 관광객이 쉬어가는 쉼터이지만, 이 공원은 오스만 제국의 근대사를 여는 현장이 되었다. 귈하네 공원은 오스만 제국 당시 톱카프 궁전에 딸린 정원이었다. 귈하네 정원은 셉티미우스 세베루스가 세운 도시 성벽 안에 있으며, 정원의 북쪽으로부터 보스포러스 연안 쪽으로 경사져 있다. 톱카프 궁전의 마르마라 해 쪽에 있는 귈하네 정원에서 당시 고위 관리, 외국 대사, 시민들이 참석한 가운데 오스만 제국의 외무 장관인 무스타파 레쉬드 파샤에 의해 탄지마트(개혁) 시대를 여는 귈하네 칙령이 1839년 11월 3일 공포되었다. 귈하네 칙령은 오스만 제국의 서양화를 시작하는 분기점이 되었으며, 근대 터키 공화국 탄생의 기초가 되었다.

오스만 제국의 말기에 오스만 제국 및 발칸 지역에 사는 기독교인들을 놓고 러시아와 유럽이 경쟁하고 있었다. 러시아가 범슬라브주의를 내세우면서 오스만 제국 및 발칸 지역에 사는 기독교인들에 대한 간섭을 노골화하자, 유럽 강대국들도 러시아의 남하와 발칸 지역에서의 러시아 세력 증대에 우려를 표명하고, 오스만 조정에게 기독교인들의 권익 보장을 위한 개혁을 하도록 압력의 수위를 높여갔다. 오스만 제국으로서는 경제적으로 유럽의 도움이 가장 절실한 시기에 있었기 때문에 오스만 제국 내에 있는 기독교인들에 대한 권익 보호를 요구하는 그들의 압력을 이겨낼 다른 방법이 없었다.

오스만 조정은 유럽의 요구를 들어주면서, 개혁을 통해 경제적 군사적으로 약해져 한계점에 도달한 제국을 부흥시키려는 현실적인 계산을 하게 되었다. 그리하여 오스만 제국의 술탄은 귈하네 공원에서 무슬림과 기독교인들은 모두 동등하게 개인의 자유와 재산권을 보장받으며, 소득에 따른 공정한 징세, 공개 재판에 의한 형 집행, 징병과 제대의 체계적인 관리 등을 포함한 개혁 의지를 공포하였다. 1839년의 개혁 칙령에서는 오스만 제국이 쇠퇴하는 이유는 코란의 명령과 제국법을 지키지 않는 데 있다면서 이는 구습의 타파와 새로운 법률의 제정으로 고쳐질 수 있다고 지적했다. 귈하네 칙령은 이후 40년 간 계속된 개혁 시대의 출발이었다는 점에서 매우 중요한 것이었다.

이 공원의 아래 해안 쪽에는 3~4세기경 로마 제국을 침략한 게르만계의 민족인 고트족의 기둥이 있다. 15m의 높이인 이 기둥이 고트 기둥이라고 알려진 것은 이 기둥에 고트라는 단어가 들어가 있기 때문이다. 이 기둥의 기원에 대해서는 정확하게 알려진 것은 없으나, 클라디우스 2세(268~270) 또는 콘스탄티누스 대제(324~337)를 위해 세워진 것으로 보고 있다.

예니 모스크와 쉴레이마니예 모스크

　오스만 제국의 사원은 사원의 부속 시설로 목욕탕, 학교, 상점, 주택 및 관리 시설 등을 두는데, 사원을 중심으로 한 복합 시설을 '퀼리예'라고 한다. 그리스의 아고라, 로마의 포럼과 같이 여러 기능이 집약된 건축 형식인데, 퀼리예는 오스만 제국 시대 사원 건축의 괄목할 만한 특징이다. 이스탄불에는 수없이 많은 사원이 있는데, 복합 시설 퀼리예를 가진 대표적인 사원으로는 블루 모스크, 예니 모스크와 쉴레이마니예 모스크 등이 있다. 특히 쉴레이마니예 모스크는 원형이 거의 그대로 보존되어 있으며, 오스만 건축물 중 짜임새가 있는 훌륭한 건축물로 꼽힌다.
　갈라타 다리 앞 광장에 자리한 예니 모스크는 메흐메드 3세 술탄의 어머니인 발리데 술탄 사피예가 1597년에 건축을 시작했다. 예니는 '새로운' 이라는 뜻이므로, 예니 모스크는 새로운 사원 또는 신(新)사원이라는 뜻이 된다. 새로운 사원이라는 이름을 갖는 데는 그럴 만한 이유가 있었다. 원래 예니 모스크의 건축가는 오스만 최대의 건축가 시난의 제자인 다붓 아아였으나, 그가 1597년에 죽자, 그의 뒤를 이어 달그치 아흐메드 차부쉬가 건축을 감독하였다. 그러나 1603년에 메흐메드 3세가 죽자, 그의 어머니 사피예를 위해 짓던 사원의 건축은 중단되고 말았다. 그리하여 골든 혼 앞에 초라하게 남아 있다가, 1660년 화재로 황폐화되었던 사원은 메흐메드 4세의 어머

쉴레이마니예 사원 서쪽 외관. 쉴레이마니에 사원은 이스탄불에거 사장 큰 사원일 뿐만 아니라, 오스만 건축의 달인 시난의 결작이며, 복합 시설 규모도 최대라는 특징을 갖고 있다.

쉴레마니예 퀼리예.

니인 투루한 하티제에 의해 다시 건축이 시작되었다. 새로 건축이 시작된 사원은 1663년 11월에 완공되어 '발리데 술탄(술탄의 어머니라는 뜻)의 신사원'이라는 이름이 붙여졌다.

　예니 모스크도 성 소피아 성당처럼 돔을 사용하였다. 이스탄불에 있는 다른 이슬람 사원들도 마찬가지이다. 돔 사용 면에서 예니 모스크가 성 소피아 성당과 다른 것은, 성 소피아 성당이 중앙 돔 위아래에 작은 돔을 사용했다면, 예니 모스크는 중앙 돔 좌우 상하에 작은 돔을 사용한 것이다. 예니 모스크의 중정에는 블루 모스크와 같이 예배 전에 손발을 씻었던 '샤드르반'이 있다. 이슬람 사원에서는 예배 전 손발을 씻는 분수대인 샤드르반과 사원 안에 메카의 방향을 표시하는 '미흐랍'이 가장 중요하다. 예니 모스

쉴레이마니예 사원에 있는 정수대.

크는 사원뿐만 아니라 가난한 사람들에게 급식도 하는 구빈소(救貧所) 같은 자선 성격의 시설도 가지고 있었다. 원래는 의료원, 학교, 대중 목욕탕, 대중 수도 시설이 있었으나, 의료원, 학교, 목욕탕 시설은 없어지고 말았다. 예니 모스크 앞에는 비둘기 모이를 파는 상인들이 많은데, 비둘기 모이를 던져 비둘기 떼가 모여드는 모습을 보는 것도 재미있다.

예니 모스크의 퀼리예 시설 중에는 '세빌' 이라고 불리는 수도가 있다. 세빌은 목마른 길손들이 물을 마시도록 하기 위해서 만든 것이다. 오스만 터키 사람들은 세빌을 만드는 것은 천당으로 가는 길을 만드는 것이라고 믿었다. 예니 모스크에 있는 세빌은 아직도 옛날의 기능을 유지하고 있는 이스탄불 내 몇 개 안 되는 세빌 중의 하나이다.

쉴레이마니예 모스크는 오스만 제국의 최대 황금기를 구가한 쉴레이만 술탄에 의해 1550년에 건축이 시작되어 1557년에 완공되었다. 쉴레이마니예 사원은 이스탄불에서 가장 큰 사원일 뿐만 아니라, 오스만 건축의 달인 시난의 걸작이며, 복합 시설 규모도 최대라는 특징을 갖고 있다. 또한 이 사원은 골든 혼과 보스포러스 해가 내려다보이는 언덕에 자리하고 있고, 야간에 이스탄불의 스카이 라인을 이국적으로 보이게 하는 데도 한몫을 하고 있다. 사원의 크기를 비롯해 자랑할 만한 특징을 가졌음에도 불구하고, 구시가지에 있지만 조금은 떨어져 있어 교통 불편으로 관광객의 접근이 쉽지 않다는 아쉬움이 있다.

쉴레이마니예 사원은 시난의 대표 작품이다. 시난은 1489년에 태어나 1588년에 사망하여 99세까지 살았다. 그는 49세였던 1538년부터 1588년까지 오스만 조정의 왕립 건축 수장이었다. 터키의 중부 도시 카이세리에서 태어난 시난은 셀림 1세 시대인 1512년에 데브쉬르메로 예니체리 군대에 편입되었다. 그는 유럽과 페르시아 전투에 참가한 후, 보병과 공병 지휘관이 되었고, 특히 요새, 병기고, 다리 건설에 남다른 재능을 보였다. 군사 건축가로서의 축적된 기술은 종교적인 이슬람 사원을 탄생시키는 원동력이 되었다. 나이 50세가 되어 건축가로서 활동을 시작한 그는 사원, 학교, 궁

쉴레이마니예 사원 내부.

전, 의료원, 분묘, 다리, 목욕탕 등 수많은 건축물을 남겼는데, 그가 만든 건축물은 무려 330여 개에 달한다.

성 소피아 성당이 비잔틴 제국의 전성기에 세워진 것이라면, 쉴레이마니에 사원은 오스만 제국의 전성기에 세워진 것이다. 시난이 설계한 이슬람 사원의 모체는 성 소피아 성당이지만, 그의 건축물은 페르시아와 비잔틴 요소를 융합하여 독특한 터키 전통의 건축 양식을 탄생시켰다. 비잔틴의 돔과 오스만의 미나레를 절묘하게 조화시켜, 어울리지 않을 것 같은 돔과 미나레를 한 자리에 갖다놓은 것이다. 돔을 사용하여 건물의 경쾌감을 살리고, 화려한 내부 장식으로 중후함을 더했다. 에디르네에 있는 셀리미에 사원이 시난의 최대 걸작으로 알려지고 있다.

쉴레이마니에 사원은 오스만 제국의 쉴레이만 술탄이 헝가리를 정복하고 돌아와 시난에게 명하여 만든 대사원으로 오스만 건축을 대표하는 건축물이다. 건물의 중앙 돔은 높이가 55m이고, 돔의 직경은 26m이며 네 개의 기둥이 이를 받들고 있다. 사원의 평면은 가로 세로가 각각 58m, 59m로 거의 정사각형이다. 건물 사방에는 첨탑인 미나레가 네 개가 있는데, 미나레 네 개가 첨가되기는 이 사원이 최초다. 사원 주변에는 의료원, 학교, 무료 급식소, 식당, 대중 목욕탕, 도서관, 대상 숙소 등 부속 시설이 잘 배열되어 있다. 이스탄불에 있는 사원 중 퀼리예를 가장 잘 보여주는 사원이며, 뒤에 있는 정원에는 쉴레이만 술탄과 황후 하세키 휘렘의 능묘가 있다.

이집트 시장과 그랜드 바자르

　예니 모스크 옆에는 이집트 시장이 있다. 이 시장 건물은 예니 모스크의 퀼리예의 한 부속 건물로 1660년대에 세워졌다. 터키어로는 '므스르 차르시' 이다. 므스르는 '이집트' 를 말하고, 차르시는 '시장' 을 뜻한다. 이집트 시장이라고 불린 이유는 한때 이곳에서 이집트에서 가져온 물건을 팔았기 때문이다. 이집트 시장은 또 향료(香料, spice) 시장이라고도 했는데 그 이유는 향료와 약초가 이곳에서 거래되었기 때문이다. 지금의 이집트 시장은 이집트 물건을 파는 곳도 아니고, 향료나 약초만 파는 곳도 아니다. 이곳에서는 현재 온갖 물건을 다 팔고 있다. 마치 이스탄불에서 가장 큰 그랜드 바자르의 축소판 같은 시장이다.

　술탄 아흐메드 사원, 즉 블루 모스크가 있는 곳에서 그리 멀지 않은 곳에 대형 옥내 시장인 '카팔르 차르시' 가 있다. 카팔르는 '위가 덮인' 이라는 뜻이다. 원래의 건물은 비잔틴 제국 때 지어진 것인데, 메흐메드 2세 황제가 1461년에 확장한 이후에도 시장의 규모는 날로 커갔다. 그 후 수차례의 지진, 화재 등으로 보수, 증축되었다.

　카팔르 차르시는 이스탄불을 찾는 관광객에게는 한 번은 들러야 하는 명소 중의 하나이다. 이곳은 3만 700㎡의 면적에 4,000개에 이르는 상점에서 보석, 카펫, 동 제품, 가죽 제품, 수공예품, 의류 등 모든 종류의 상품이

카팔르 차르시.

거래되고 있다. 이스탄불이 오스만 제국의 수도가 되면서, 이곳은 오랫동안 동서양 문물을 교환하는 장소가 되었다. 이곳은 중국에서 시작되는 실크로드의 종착점이기도 하였다.

이 시장에서 빼놓을 수 없는 것이 흥정이다. 카팔르 차르시에 있는 상인들의 상술은 아주 특별하다. 그들은 터키식 차(터키어 차이) 한 잔으로 장사를 한다는 말이 나올 정도로 모든 거래는 차로 시작하여 차로 끝나게 된다. 손님들이 가게에 들어오면 일단 차부터 권하고, 거래가 이루어지면 또 한 번 차를 권하는 것이다. 카팔르 차르시에서 흥정은 필수적이다. 흥정에 따라 가격이 극적으로 떨어질 수 있다. 가격을 떨어지게 하는 것은 사는 사람의 능력이다. 한국인 관광객이 많아지면서 한국어를 구사하는 상인들이 늘어났다. 카팔르 차르시 상인들은 한국어를 포함하여 중국어 일본어 등 간단한 인사말쯤은 쉽게 구사한다.

카팔르 차르시 입구에는 유럽의 바로크 형식을 도입하여 지은 누루오스마니예 사원이 있다. 이 사원은 1748년 마흐무드 1세 황제 때 건축이 시작되어 1755년에 그의 후계자 때 완공되었다. 누루는 '신성한 빛'이라는 뜻이며, 오스마니예는 오스만 3세의 이름에서 연유한다. 이 사원은 오스만 제국 후기에 바로크 형식으로 지어진 가장 큰 사원이라는 특징이 있다.

카팔르 차르시 뒤쪽에는 또 하나의 시장이 있다. 카팔르 차르시 뒤에는 차드르즈라르 잣데씨라는 거리가 있는데, 이곳에 '사하프라르 차르시'가 있다. '사하프라르'는 헌 책을 파는 상인이라는 뜻으로, 사하프라르 차르시는 중고 책 시장이다. 이곳은 비잔틴 시대 때에도 책과 종이가 거래되어, 이스탄불에서 가장 오래 된 시장 중의 하나이다. 아흐메드 3세 술탄 때인 18세기 초부터 카팔르 차르시에 있던 책장사들이 이곳으로 이주하기 시작했다고 한다. 18세기 후반에 이르러 인쇄와 출판이 허용되자 사하프라르 차르시에서 책 거래가 활발해졌다. 오스만 제국 시대에는 이 시장이 책 거래의 중심지였으나, 최근에 대형 출판사, 서점 등이 등장하면서 이 시장의 매력은 점차 사라지게 되었다. 과거와 같은 책 시장으로서의 매력은 없어졌다 할지라도, 아직도 이 시장에서는 중고 도서가 많이 거래되고 있다.

시장 한가운데에는 터키에서 1727년에 최초로 인쇄를 했다는 이브라힘 뮈테페리카의 흉상이 있다. 오스만 제국은 성서의 발간을 금지하는 등 종교적인 영향으로 인쇄나 출판을 할 수 없었다. 구텐베르크 이후 유럽에서는 15세기에 인쇄, 출판이 크게 발전하였으나, 오스만 제국은 최초의 인쇄소를 개설한 1727년까지 이 분야는 거의 암흑 시대나 다름없었다. 뮈테페리카는 헝가리 출신으로 노예로 잡혀와 무슬림으로 개종한 사람으로 그는 자신이 세운 인쇄소에서 언어, 역사, 지리, 자연과학, 군사 분야의 책들을 발간하였다.

카리예 박물관

　카리예 박물관은 비잔틴 시대에 '코라'에 있던 구세주 교회이다. '코라'는 중세 그리스어로 교외, 시골이라는 뜻으로 이 교회가 콘스탄티누스 대제가 세운 성 밖에 위치한다 해서 붙여진 이름이다. 나중에 이 교회는 테오도시우스 황제가 세운 성 안에 포함되었다. 보통 '코라 교회'라고 부른다. 이 교회는 성 소피아 성당만큼 건물 자체가 크지는 않지만, 성당 안에 있는 현란한 모자이크와 화려한 프레스코화 때문에 볼 만한 가치가 충분히 있는 곳이다. 최초의 성당은 4세기경 성벽 밖에 있었으나, 557년 지진으로 완전히 파괴되었다. 그러다가 성상 파괴 운동이 끝난 후 9세기경에 재건되었다. 현재의 건물은 알렉시우스 1세 콤네누스의 장모인 마리아 두카이나에 의해 1077~1081년에 세워졌다. 카리예 박물관은 테오도시우스 황제가 세운 성벽의 에디르네 카프(성문) 근처에 있다. 거리 이름으로 말하면 '페브지 파샤 잣데씨'이다. 구시가지에서는 꽤 떨어져 있다.

　13세기 십자군 전쟁에 의해 파괴된 교회는 14세기 안드로니쿠스 2세에 의해 현재의 모습으로 재건되었다. 이 교회의 유명한 프레스코 벽화와 모자이크는 당시 예술의 거장인 테오도레 메토키데스의 작품이다. 카리예 교회는 16세기까지 교회로 남아 있다가 1765년에 이슬람 사원으로 개조되었다. 메토키데스는 안드로니쿠스 2세에 의해 발탁되어 황제의 조카딸과 결

코라 교회라 불리는 카리에 박물관의 유명한 프레스코화는 당시 예술의 거장인 테오도레 메토키데스의 작품이다.

혼하여 왕가의 가족이 되었으나, 황제의 손자가 제위를 찬탈하자 그가 전 황제의 인물이라 하여 직위와 재산을 박탈당하고 귀향살이를 하는 비운을 맞았다. 그는 말년에 이르러 수도자의 신분으로 자신이 아꼈던 이 교회로 돌아와 1331년 3월 여생을 마쳤다.

비잔틴이 남긴 모자이크와 프레스코화는 성 소피아 성당과 마찬가지로 오스만 터키인들에 의해 회칠로 덮여졌다. 그러다가 보스턴의 비잔틴학 연구소의 폴 언더우드 학자가 이끄는 연구팀이 회칠을 벗겨내는 작업을 하였다. 이들은 성화를 복원하고 이곳을 교회 유적지로 복구해놓았다. 성화는

안쪽 현관 돔에 있는 예수의 족보.

내용이나 순서가 비슷한 마태, 마가, 누가 등 소위 공관 복음서(共觀福音書)에 기초한 것이 대부분이지만, 외경인 제임스서에 기초한 것도 있다.
  이 교회 안에 있는 성화는 성모 마리아의 생애, 아기 예수의 소년 시절, 예수의 기적들을 담은 내용이 주를 이룬다. 성화는 아래와 같이 크게 여섯 가지로 구분되어 있다.
  ① 제 1, 2 현관에 있는 봉헌 모자이크(6개)
  ② 안쪽 현관 두 개의 돔에 있는 예수의 족보(2개)
  ③ 안쪽 현관에 있는 기둥과 기둥 사이의 1~3번째 칸살에 있는 성모 마

리아의 생애(18개)

　④ 바깥쪽 현관에 있는 아기 예수의 소년 시절(12개)

　⑤ 바깥쪽 현관의 볼트와 안쪽 현관의 네 번째 칸살에 있는 예수의 기적(16개)

　⑥ 회중석에 있는 모자이크(3개)

　성모 마리아의 생애를 보면, 성처녀 마리아의 아버지 요아킴과 어머니 안나가 성전의 사가랴 제사장에게 헌물을 바치러 갔으나, 그들에게 아이가 없다는 이유로 헌물을 거부당하는 장면, 헌물을 거부당한 요아킴과 안나가 집으로 돌아오는 장면, 요아킴이 자식을 낳게 해달라고 황야에 나가 기도를 드리는 장면, 그 사이에 하나님의 천사가 안나에게 나타나 주님께서 아이를 낳게 해주실 것이라고 알려주는 장면, 황야에서 기도를 마치고 돌아오는 요아킴에게 천사가 들려준 이야기를 안나가 알리는 장면, 마리아가 탄생하는 장면에서부터 가브리엘 천사가 예수의 어머니가 될 것임을 알리는 수태고지(受胎告知) 장면까지 이어진다.

　예수의 기적에서는 세례자 요한의 죽음과 5,000명을 먹이신 기적, 나병환자와 마귀가 들려 눈이 멀고 벙어리가 된 사람을 낫게 한 기적, 열병으로 앓아 누워 있는 베드로의 장모를 고치고, 열 두 해 동안이나 하혈 병을 앓던 여자를 고치는 장면, 오그라든 손을 펴주신 예수 등의 장면이 있다.

　프레스코화 중에 측면의 반원형 건물에 있는 예수의 부활(그리스어 아나스타시스)은 그리스도교 예술품 중 수작으로 꼽히는 것이다. 예수가 발밑에 있는 지옥의 문을 부수고 오른팔로는 무덤에 있던 아담을, 왼팔로는 무덤에 있던 이브를 구원하여 생명을 주고 있는 장면이다. 죽은 과부의 외

아들이 죽어 슬퍼하는 과부를 보고 상여에 손을 대자 살아났다는 누가 복음(7:11~15), 최후의 심판과 관련한 마태 복음(25:34, 25:41), 야곱이 꿈에 하느님을 뵈었다는 창세기(28:11~13) 구절 등과 관련한 벽화가 18점이나 있다.

도시 성곽

이스탄불에서 최초의 성벽은 현재 톱카프 궁전이 있던 언덕에 세워졌다. 두 번째 성벽은 기원전 2세기경 로마 제국의 셉티미우스 세베루스가 이스탄불을 완전히 방화 파괴하고 도시를 재건하면서 세운 것이다. 세 번째 것은 로마 제국의 수도를 로마에서 콘스탄티노플로 옮긴 콘스탄티누스 대제가 세운 것이다. 네 번째 성벽은 439년에 테오도시우스 2세 황제가 세운 것이다. 이스탄불의 성벽은 세월이 지나면서 계속 확대되었다.

그러나 이스탄불에 있는 도시 성곽의 대부분은 비잔틴의 테오도시우스 2세 황제 때 만들어진 것이다. 테오도시우스 황제의 성곽 작업은 413년에 시작되었다. 이 성곽은 일정한 간격을 두고 총 100개의 성탑으로 이루어진 단일 성곽이었는데, 447년 지진으로 57개의 성탑이 무너졌다. 훈 제국의 아틸라가 콘스탄티노플을 향해 동쪽에서 공격해 들어오자, 아틸라의 공격에 대비하기 위해 테오도시우스는 지진으로 파괴된 성곽을 두 달이라는 짧은 기간에 보수하였고, 거기에다 외성을 쌓아 성곽의 방어 능력을 보강하였다. 콘스탄티노플에 도착하기 전에 성곽이 완료된 것을 알게 된 아틸라는 콘스탄티노플을 포기하고 서로마 지역을 침략하여 방화 파괴하고 돌아갔다.

테오도시우스의 성곽은 마르마라 해 연안에서 골든 혼 연안까지 계속되었다. 골든 혼으로 내려가는 성곽 부분은 그 이후의 황제들에 의해 몇 차례 개·증축되었다. 테오도시우스의 성곽은 내성(內城)과 외성(外城)의 두 줄로 구성되었지만 주 방어벽은 내성이었다. 두께 5m, 높이가 12m인 내성은 평균 55m 간격으로 세워진 96개의 성탑으로 이루어졌다. 성탑의 높이는 18~20m로 대부분 사각형이지만 다각형의 형태도 있다. 외성은 10m 정도 두께에 8.5m 높이이며, 96개의 성탑을 가지고 있었다. 외성에는 깊이 10m, 폭 20m의 큰 구덩이가 있었는데, 이 구덩이의 목적은 적의 침략이 가까워 올 때 이곳에 물을 채워 적의 도시 진입을 막는 것이었다.

테오도시우스 성곽에서 남아 있는 부분 중 유명한 것은 '예디쿨레'와 '골든 게이트'이다. '예디쿨레'는 터키어로 '일곱 개의 성탑'이라는 뜻이고, '골든 게이트'는 '금문(金門)'이라는 뜻이다. 이 둘은 마르마라 해 연안의 해안 도로 근처에 있다. 이스탄불 시내에서 공항으로 가는 해안 도로상에서 볼 수 있다. 예디쿨레는 비잔틴 제국과 오스만 제국의 합작 형태가 되었다. 일곱 개 성탑 중 네 개는 테오도시우스 황제가 만든 것이지만, 세 개는 오스만 제국의 메흐메드 술탄이 추가한 것이다. 비잔틴 제국 시대에 이 성탑 위에는 비잔틴의 상징인 독수리 기가 펄럭였다. 예디쿨레는 오스만 제국 당시에 한때 법을 위반한 외교 사절들을 가둔 구치소 같은 역할을 하였다. 성탑의 안쪽 벽에는 이곳에서 지낸 사람들의 이름과 날짜, 사연 등이 여러 개 언어로 새겨져 있다.

비잔틴 제국 시대에 골든 게이트는 전장에서 이기고 당당하게 돌아온 황제가 들어오는 개선문이었다. 629년에 페르시아와 싸우고 돌아온 헤라클리우스, 불가리아와 싸우고 돌아온 콘스탄티누스 5세, 바실리우스 1세와

2세, 이슬람 사라센 제국과 싸우고 돌아온 테오필루스와 그의 아들 미카일 3세 등이 이 개선문을 통과하여 도시로 들어갔다. 이 개선문을 통과한 황제 중에 비잔틴 제국의 역사를 다시 이어가게 한 미카일 8세 팔라이올로구스가 가장 영광의 인물인지도 모른다. 그는 라틴 기사들에게 잠시 빼앗긴 콘스탄티노플을 탈환하고 1261년 8월 15일 개선문을 통과하여 콘스탄티노플로 들어갔다. 그러나 오스만 제국 시대에 이 개선문은 과거의 영화를 뒤로 하고 사형장으로 사용되는 수모를 겪었다. 오스만 2세 술탄도 17세 때인 1622년 5월 이곳에서 처형되었다.

골든 혼 연안의 해안 성벽에는 도시로 들어가는 몇 개의 성문이 있었는데, 현재는 지발리 성문과 아야 성문 두 개가 남아 있다. 골든 혼의 아타튀르크 다리 근처에 있는 지발리 성문 한쪽에는 오스만 제국이 1453년 5월 29일에 이곳을 정복했다고 새겨놓았다. 아야 성문이 있는 곳에는 테오도시아 성당 건물이 남아 있다. 이 건물은 후에 터키인들이 보수하기는 하였지만, 비잔틴 시대의 건축 양식을 그대로 보존하고 있다. 테오도시아 성당을 터키인들은 '귈 사원'이라고 부른다. 귈은 '장미'라는 뜻이다. 테오도시아 성인의 축일이 5월 29일이라 사람들은 성인의 축일을 기념하기 위해 장미를 들고 모였는데, 마침 오스만 군대가 콘스탄티노플을 정복한 날도 같은 날이었다. 오스만 군대가 이곳에 와보니 수많은 장미가 있었다 해서 장미 사원이라 부른다고 한다.

아야 성문 위쪽에는 '몽골의 귀부인 성당' 건물이 있다. 이 성당은 1282년 비잔틴 제국의 미카일 8세 팔라이올로구스 황제의 딸인 마리아가 세운 것이다. 그 해 마리아는 부친인 황제가 시키는 대로 몽골의 일칸국의 왕과 결혼하기로 했다. 그러나 마리아가 일칸국에 도착하기 전에 일칸국의 왕은 죽고 말았다. 그래서 그녀는 왕의 아들과 결혼하여 페르시아에 있는 일칸국에서 15년이나 살았다. 그녀는 자신의 영향력을 발휘하여 그곳에 살면서 왕실 가족들을 그리스도교인으로 개종시켰다. 일칸국의 왕이 암살당하자 그녀는 1281년에 콘스탄티노플로 돌아왔다. 마리아가 돌아오자 황제인 아버지가 다시 몽골의 일칸국 왕과 결혼하라고 종용했지만 그녀는 거절하고, 수녀가 되어 여생을 이곳에서 보냈다고 한다. 이 성당은 현재도 그리스인의 소유로 되어 있다. 정복자 술탄이 이스탄불을 정복한 후, 이 성당을 그리스인의 것으로 한다는 내용의 칙서를 내렸고, 이 칙서는 현재 건물 안에 전시되어 있다.

3부
골든 혼의 저편과 위스크다르

도시의 저편, 갈라타와 베이올루

구시가지인 술탄 아흐메드 지역으로부터 골든 혼 위에 있는 갈라타 다리와 아타튀르크 다리를 지나면 나오는 지역이 갈라타 지역이다. 갈라타의 어원은 그리스어로 우유라는 뜻인 '갈락토스' 또는 이탈리아어로 계단이라는 뜻인 '칼라타'이다. 갈라타는 지리적으로 이스탄불의 유럽 쪽에 위치한 이유도 있지만, 비잔틴 시대에 이곳을 지배한 유럽인들 때문에 문화적으로도 서구적인 성격을 강하게 보이게 되었다. 또 갈라타에서 이스탄불 시내 중심인 탁심에 이르는 지역이 베이올루라는 지역이다. 과거에는 이 두 지역을 '페라(Pera)'라고 불렀다.

페라는 그리스어로 '저쪽 넘어'라는 뜻이다. 그러니까 옛날 비잔티움 궁전에서 바라본다면 골든 혼 너머 반대쪽에 있는 지역을 말하는 것이다. 페라는 비잔틴 시대 중반에는 콘스탄티노플 도시 반대편에 있는 도시의 의미로 쓰이다가, 갈라타 지역의 외곽에 성이 둘러싸인 이후에는 갈라타 지역 넘어 유럽의 유행이 함께하는 활발한 자유의 거리인 베이올루를 지칭하는 말이 되었다. 과거의 페라는 현재 베이올루로 불리고 있고, 갈라타는 카라쾨이가 되었다. 그러나 이스탄불 사람들은 아직도 이 지역을 옛날 이름으로 부르고 있다.

갈라타는 오스만 제국의 말기에 서방 각국들이 오스만 술탄으로부터 받

갈라타 타워.

은 '영사 특권'을 누리던 곳이었다. 1839년 압둘메지드 술탄의 정치 개혁에 힘입어 이곳에 거주하던 비무슬림 인구들은 면세 혜택을 인정한 소위 영사 특권 이외에도 각종 특권을 누려 19세기 후반기에 갈라타는 급속도로 발전하게 되었다. 이 때문에 갈라타 지역에는 '이스티크랄 잣데씨(이스티크랄 로路)'를 중심으로 유럽 각국의 영사관과 교회가 들어서게 되었고, 뒤이어 저택, 고급 아파트, 쇼핑 센터, 유흥업소들이 자리하게 되었다. 갈라타 지역이 골목도 좁고 복잡해지자 부유한 상인들은 이보다 좀더 높은 곳에 있는 '이스티크랄 잣데씨' 부근에서 활동하기 시작하였다. 이곳에는 각국의 영사관도 자리하면서 근대적인 모습을 갖춘 거리로 발전하였다. 사람들은 이곳을 '페라의 대로(Grand Rue de Pera)'라고 불렀다. '이스티크랄 잣데씨'는 좁으면서 긴 골목이다.

외국의 영사관이 설치되면서 활기를 띠게 된 갈라타 지역의 북쪽에는 베네치아 총독의 아들인 루이기 그리티가 살았는데, 그는 쉴레이만 대제 시대에 이브라힘 파샤 총리 대신의 고문이었다. 사람들은 그를 고관의 아들이라는 뜻으로 '베이올루'라 불렀는데, 시간이 지나면서 고관의 아들 베이올루란 말은 서구 문화로 번창한 이 지역을 지칭하는 말로 사용되었다.

갈라타는 오스만 제국 당시 금융과 상업의 중심지로 은행과 주식 시장이 활발하게 영업을 하던 곳이었다. 유럽인들에 의해 이곳에는 유럽산 제품이 팔리게 되었고 카페, 극장, 바, 식당, 오페라 하우스, 제과점 등 서구식의 다양한 문화 장소가 생기게 되었다. 오스만의 사람들도 이곳에서 살고 있는 유럽인들의 생활 양식을 선망하였을 뿐만 아니라, 이곳에서 일어나고 있는 유행에 동참하기를 원했다. 갈라타는 여러 인종이 섞인 국제적인 대

도시나 마찬가지였다. 이곳에서는 그 당시 유행했던 불어 외에도 이탈리아어, 독일어, 영어, 아르메니아어, 그리스어, 유대어, 헝가리아어, 러시아어 등이 사용되었다.

갈라타에서 자국어를 구사하던 소수 민족들은 자기들만의 사회를 구성하면서 자신들의 신앙 생활을 위한 교회를 곳곳에 세웠다. 오스만 제국 말기 이곳에다 아랍 모스크, 아스말르 모스크, 아아 모스크 등 무슬림 사원을 짓기도 하였지만, 이미 이 지역에 뿌리 내린 서구적인 성향을 바꾸기는 쉬운 일이 아니었다. 오스만 제국 시대에 튀르크인들이 갈라타 지역을 지배했지만, 이 지역의 주민들은 무슬림도 아니고, 튀르크인들도 아닌 제노아인과 같은 유럽인들이었다. 오스만 제국 시대에 터키인들이 갈라타 지역에 남겨놓은 것은 갈라타 학교와 메블레비(이슬람 신비주의자들이 세운 교단으로 빙글빙글 돌며 춤추는 의식을 함)라 불리는 종단뿐이었다.

이탈리아의 베네치아인과 제노아인들은 11세기경 비잔틴 황제의 승인으로 골든 혼 남쪽 연안에 식민지를 건설하였다. 베네치아인과 제4차 십자군에 가담한 기사들이 합세하여 1204년에 콘스탄티노플을 강점하자 제노아인들은 골든 혼 반대편으로 이주해야만 했다. 라틴 기사들의 콘스탄티노플 점령이 끝날 무렵, 제노아인들은 니케아(현재 이즈닉)로 피신한 미카일 8세 팔라이올로구스 황제와 연합하였다. 비잔틴 황제가 1261년에 콘스탄티노플을 탈환하자 비잔틴과 연합한 대가로 그들은 비잔틴 제국의 황제로부터 광범위한 상업 특권을 얻었다. 비잔틴 제국의 황제가 제노아인들에게 상업 특권을 갈라타에서 무한적으로 사용하도록 허락하자, 갈라타는 얼마 안 가 제노아인들이 지배하는 독립된 도시 국가처럼 되었다. 제노아인들은

메블레비 교단을 묘사한 세밀화. 오스만 제국 시대에 터키인들이 갈라타 지역에 남겨놓은 것은 갈라타 학교와 메블레비라 불리는 종단뿐이었다.

갈라타 지역에 성을 구축하는 것이 금지되었지만, 그들은 이 지역에 성을 두르면서 상업 활동을 활발하게 계속하였다.

  콘스탄티노플 정복 3일 후, 정복자 술탄은 제노아인 지도자와 만나 제노아인들의 장래를 제약하는 협정을 체결하였다. 오스만 제국이 콘스탄티노플을 정복할 때, 이곳에 사는 제노아인들이 비잔틴 군사들과 연합하여 오스만 제국 군사에 대항하여 싸웠기 때문에 보복이 필요했던 것이다. 이 협정의 골자는 비잔틴 황제가 제노아인들에게 인정한 특권은 그대로 인정하되, 오스만 술탄은 갈라타를 별도의 도시 국가로 인정하지는 않겠다는 것이었다. 정복자 술탄은 제노아인들에게 성탑과 성벽을 부수도록 명령하는 동시에, 가톨릭 교회도 이슬람 사원으로 개조하라는 명령을 내렸다. 이리하여 갈라타는 오스만 제국의 주권 아래 놓이게 되었다. 정복자 술탄은 갈라타 연안에 조선소를 세웠는데 이 조선소는 지금까지 운영되고 있다. 조선소가 세워짐으로써 갈라타에 살던 이탈리아인, 아르메니아인, 유대인들이 이곳에 정박한 배들에게 필요한 식품, 물품들을 대주며 생계를 유지하였기 때문에 갈라타는 오스만 제국 당시 수산 산업의 주요 중심지가 되었다.

  갈라타 지역의 명물은 역시 갈라타 타워이다. 작은 언덕 위에 위치한 갈라타 타워는 골든 혼 어느 쪽에서 보더라도 눈에 들어온다. 갈라타 타워의 높이는 67m 이다. 53m의 높이에 있는 식당에서 바라보는 골든 혼과 구 시가지의 전경은 볼 만하다. 갈라타 타워는 1348~1453년 간 제노아인들이 세운 성곽 중 가장 높은 곳에 위치한다. 오스만 제국이 콘스탄티노플을 정복한 후, 이 타워는 전쟁 포로를 가두어두는 곳으로 쓰이다가 1960년대 말부터는 소방서로 사용되기도 했다. 현재 갈라타 타워는 승강기를 이용해 올라가지만 마지막 한 층은 걸어서 올라가도록 되어 있다. 마지막 층에 있는 안내판에는 17세기 중반 헤자르펜 아흐메드 첼레비라는 사람이 자신의 몸 양쪽에 날개를 달고 이곳에서 날아 보스포러스 해협을 건너 위스크다르에 내렸다는 설명이 있다. 하늘을 날아간 첼레비는 신을 모독했다는 이유로 처벌을 받았지만, 터키 역사상 최초로 비행하여 보스포러스를 건너간 사람으로 기록되었다.

고관들의 거리 베이올루

베이올루란 지명은 이 지역에 살던 베네치아 총독의 아들을 베이올루(고관의 아들)이라고 부른 데서 생긴 것이다. 16세기 말 베이올루 지역에 서구 국가들이 개설한 영사관이 속속 들어서게 되었다. 지금도 그러하지만 베이올루 지역은 이 때문에 서양 분위기가 물씬 풍기는 거리가 되었다. 베이올루 거리는 갈라타사라이를 거쳐 탁심에서 끝이 난다. 베이올루는 터키 공화국 건국 이후에 이스티크랄 거리로 이름이 바뀌고 이스티크랄 거리를 포함한 주변 지역은 베이올루 구(區)가 되었다. 베이올루 광장에서 가장 눈에 띄는 건물은 갈라타사라이 고등학교 정문이다.

갈라타사라이 광장이라는 이름은 이곳에 있는 갈라타사라이 고등학교 때문에 붙여졌다. 현재의 갈라타사라이 고등학교 건물은 1908년에 건축된 것이지만, 이 학교의 역사는 바예지드 2세 술탄 시대로 거슬러 올라간다. 15세기경 바예지드 술탄은 궁전 내 학생들의 교육을 위해 이곳에 학교를 세웠다. 이후 1868년에 압둘아지즈 술탄은 프랑스 교육을 본보기로 하여 갈라타사라이 고등학교를 만들었고 탄지마트 개혁 이후 이 학교에서는 불어와 터키어를 가르쳤다. 프랑스 모델의 왕립 학교로 출발한 갈라타사라이 고등학교는 터키 내 명문 사립 고등학교 중 하나로 그간 유명 인사를 많이 배출한 실력 있는 학교로 성장하였고, 최근에는 베쉭타쉬 북쪽에 갈라타사

레스토랑을 비롯해 선술집과 바가 밀집되어 있는 쿰카프.

라이 대학교를 개설하였다. 오스만 제국 당시에도 이 학교는 많은 인재를 배출하였는데, 터키 공화국 초기에 이 학교가 배출한 정치인, 학자 등은 신생 터키 공화국의 근대화 정책 추진에 중요한 역할을 담당하였다. 이 학교는 정원이 아름답게 꾸며져 있고, 두 개의 대리석으로 세워진 정문은 구식의 가로등과 함께 명물로 꼽힌다.

갈라타사라이 고등학교 맞은편에서 조금 떨어진 곳에 치첵 파사즈가 있다. 치첵은 '꽃'이고, 파사즈는 '통로'라는 뜻이다. 치첵 파사즈 건물은 베이올루 지역에서 가장 아름다운 건물로 1876년 로코코 형식으로 지어졌다. 당시에는 아래층에 각종 상점이 있고 위층은 아파트로 사용되었다. 그러나 지금의 치첵 파사즈에는 식당과 선술집 같은 주점이 꽉 차 있다. 이 주점들은 '메이하네'라고 불리는데, 삼겹살 구워 먹는 우리의 대중 음식점 같은 분위기로 학생이나 서민층이 찾는 술집이다. 치첵 파사즈의 안쪽에는 갈라타사라이 생선 시장이 있다. 메이하네와 생선 시장이 나란히 있는 셈이다. 메이하네 때문에 치첵 파사즈 골목에는 북적대는 사람들로 생기가 넘친다. 이스탄불의 대중 문화를 마음껏 즐길 수 있는 곳이다.

이스티크랄 잣데씨의 한가운데는 '테페바쉬'라는 곳이다. 테페가 '언덕'이라는 뜻에서 알 수 있듯이 이곳은 다른 지역보다 높은 지역으로, 과거에 명성을 떨쳤던 브리스톨, 뷔윅 론드라와 페라 팔라스 같은 유명한 호텔이 자리하고 있다. 테페바쉬 근처에는 16세기부터 18세기에 걸쳐 술탄의 승인을 얻어 세운 유럽의 영사관 건물들이 있다. 베네치아, 프랑스, 영국, 네덜란드, 스웨덴 등이 이곳에 영사관을 설치하였다. 이들 영사관들은 오스만 제국의 쇠퇴와 멸망의 역사에 결정적인 역할을 하였다. 각국의 영사

이스티크랄 잣데씨의 시작이자 종점이기도 한 탁심에서 튀넬까지 운행하는 소형 전차도 이스탄불에 있는 명물 중 하나이다.

관 옆에는 여러 가지 교회 건물이 세워졌다. 네덜란드 영사관은 1855년에 포사티 형제의 설계로 세워졌다. 원래 건물은 1612년에 세워졌으나 두 차례 화재로 파괴되었다. 네덜란드 영사관은 1857년에 유니온 교회도 세워 영어를 사용하는 이국인들이 이곳에서 예배를 보도록 하였다. 이탈리아 영사관은 1695년에 세워졌다. 이 건물은 한때 이스탄불에 사는 외국인 중 막강한 힘을 과시한 베네치아 대사의 관저로도 쓰였다. 러시아 영사관은 1837년에 포사티 형제에 의해 세워졌다. 포사티 형제는 러시아 황제의 공식 건축가였는데, 이스탄불에 영사관을 짓기 위해 파견되었다. 이 형제는 술탄의 공식 건축가로 이스탄불에 20여 년 간 체류하였다. 프랑스 영사관은 탁심 광장에서 이스티크랄 잣데씨로 들어가는 길목에 있는데, 이 건물은 페스트 환자를 치료하기 위해 1719년에 건립된 것이다.

이스티크랄 잣데씨의 시작이자 종점이기도 한 탁심에서 튀넬까지 운행하는 소형 전차도 이스탄불에 있는 명물 중 하나이다. 탁심에서 출발한 전차는 아아 자미, 갈라타사라이, 오다쿨레를 거쳐 이 거리의 끝인 튀넬까지의 1.64km 구간을 다닌다. 30여 명 정도가 탈 수 있는 전차는 길이가 8.5m, 폭 2.1m, 높이가 3.5m인 조그만 규모다. 이국적인 정취와 과거의 향수를 함께 느낄 수 있는 데다, 운임도 싸기 때문에 이스탄불을 찾는 관광객이 많이 이용하고 있다. 튀넬에 이르면 이곳에서는 카라쾨이까지만 운행하는 지하 전철이 있다. 운행 길이는 570m로 중간 정거장은 없다. 프랑스의 기술로 1876년에 석탄을 연료로 하여 운행을 시작했다가 1971년부터 전력으로 운행되고 있다. 이 전철은 뉴욕, 런던에 이어 세계에서 세 번째로 건설된 전철이라는 것 외에도 세계에서 가장 짧은 구간의 전철이라는 기록을 갖고 있다.

오리엔트 특급 열차와 페라 팔라스 호텔

이스탄불은 오리엔트 특급 열차와 첩보 영화 007의 무대였고, 영국의 여류 추리 작가인 애거서 크리스티의 소설인 〈오리엔트 특급 살인 사건〉으로 인해 신비스러운 비밀을 간직하고 있는 듯한 느낌을 주는 도시이다. 원래 오리엔트 특급 열차는 1883년 파리를 출발하여 로잔(스위스)-베네치아(이탈리아)-베오그라드(유고)-소피아(불가리아)-이스탄불을 연결하여 운행하다가 파리를 넘어 영국의 런던까지 노선이 연장되었다. 오리엔트 특급 열차는 프랑스의 '국제 침대 열차 회사'에 의해 운행되었으나, 94년 만인 1977년 5월 비행기에 밀려 승객이 감소하면서 생긴 적자로 결국 중단되었다.

유럽의 귀족들은 침대차가 주는 안락함을 맛보면서 이스탄불에서 동양의 신비와 만날 수 있었다. 약 100여 년 전 서양의 부호와 고관 대작들이 이스탄불에 도착하여 머물었던 곳이 바로 페라 팔라스 호텔이었다. 이 호텔은 국제 침대 열차 회사에 의해 1895년에 문을 열었다. 유럽의 부호나 고관들이 오리엔트 특급 열차를 타고 이스탄불에 도착하였지만, 그들이 유숙할 고급 호텔이 없었기 때문에 1894년에 짓기 시작하여 이듬해에 성대한 기념식과 함께 문을 열었다. 특급 열차를 타고 이스탄불의 시르케지 역에 내린 귀족들은 네 명이 들고 가는 가마를 택시삼아 호텔로 향했다. 페라 팔라스

이스탄불은 애거서 크리스티의 소설 〈오리엔탈 특급 살인 사건〉으로 더욱 신비스러운 비밀을 간직한 듯한 느낌을 주는 도시이다.

가 건축될 당시 이스탄불에는 아메리칸 병원, 일드즈 궁전과 페라 팔라스 호텔 등 세 군데만 전기가 들어왔다고 한다. 이 때문에 페라 팔라스의 목조 엘리베이터는 터키 최초로 전기를 사용해 움직인 엘리베이터가 되었다. 목조 승강기는 아직도 옛 모습을 유지한 채 사용되고 있다. 제1차 세계대전이 한창일 때 페라 팔라스에는 프랑스, 영국, 이탈리아 등 열강의 사령관들과

페라 팔라스는 오리엔트 특급 열차 승객들이 유숙했던 호텔이었다는 것으로 유명하지만, 오리엔트 특급 살인 사건이라는 애거서 크리스티의 추리 소설이 이 호텔에서 집필되었다는 것으로 더 유명하다.

정보원들이 머물러 활동하였기 때문에 첩보 전장의 상징이 되기도 하였다. 페라 팔라스 호텔에는 새것이 거의 없고 과거에 사용하던 것을 그대로 유지하고 있어 마치 100여 년의 시간을 거꾸로 돌려놓은 듯한 인상을 준다. 공화국 시대에 아타튀르크가 머무른 101호실은 '아타튀르크 박물관'으로 활용되고 있다.

페라 팔라스는 오리엔트 특급 열차 승객들이 유숙했던 호텔이었다는 것으로 유명하지만, 오리엔트 특급 살인 사건이라는 애거서 크리스티의 추리소설이 이 호텔에서 집필되었다는 것으로 더 유명하다. 크리스티는 이 호텔의 411호실에서 머물렀다고 한다. 영화 오리엔트 특급 살인 사건은 시드니 루멧 감독의 1974년 작품이다. 벨기에인 탐정 포와르가 이스탄불에서 오리엔트 특급 열차를 타게 되는데 이 열차 안에서 한 승객이 칼에 찔려 죽은 살인 사건이 일어나고, 눈사태로 열차가 움직일 수 없게 되는 상황에서 포와르 탐정이 이 사건을 추리해나가는 것이 영화의 대강 줄거리다.

애거서 크리스티는 1926년부터 1932년까지 이스탄불에 오면 꼭 페라 팔라스 호텔에 머물렀다고 한다. 크리스티는 잃어버린 호텔 방 열쇠와 함께 11일 간의 행적이 미스테리 속에 묻혀 있다. 믿어지지 않지만 그녀가 잃어버린 열쇠를 무당이 찾아냈다고 한다. 열쇠를 찾아낸 이야기는 이렇게 전개된다.

1978년에 페라 팔라스 호텔 사장인 하산 쉬제르는 미국의 워너 브라더스 영화 제작사로부터 전화를 받는다. 애거서 크리스티에 관한 영화를 만들려고 하는데 그녀가 실종된 11일 간을 밝혀내기 위해 호텔을 방문하고 싶다고 한다. 왜냐하면 타카라 란드라는 여성 무속인이 크리스티의 혼령으로부터 그녀의 11일 간의 실종을 밝혀낼 수 있는 호텔 방의 열쇠가 호텔의 비밀 장소에 있다고 말해주었으므로 이번에 그 열쇠를 찾겠다는 것이었다. 호텔 사장은 물론 종업원들도 크리스티가 잃어버린 열쇠에 대해선 지금까지 들은 바가 없다고 한다. 드디어 1979년 워너 브라더스측 사람들은 호텔을 방문하고 열쇠를 찾기 위해 준비한다. 쉬제르 사장과 워너 브라더스사

관계자들은 전화 앞에서 초조하게 기다린다. 그리고 미국에 있는 무속인 란드는 전화로 크리스티의 혼령을 불러내어 혼령이 말하는 대로 전한다. 문제의 방문 열쇠가 그녀가 묵었던 방문 밑에 있다는 것이다.

　방문 밑을 파면서 미국 사람들의 생각대로 일이 조작될 가능성도 있기 때문에 호텔측은 문 앞을 파는 작업을 호텔 종업원에게 시켰다. 1979년 3월 7일 오후 5시에 영화사 관계자와 내외신 기자들이 411호 방에 모였다. 10분 후에 로스앤젤레스에 있는 무속인과 전화 통화를 가졌는데, 무속인이 말하는 대로 방문 밑을 파니 그곳에서 8㎝의 녹슨 열쇠가 나왔다. 무속인이 말하는 대로 신기하게도 열쇠가 나온 것이었다. 모두들 놀랄 수밖에 없었다. 호텔측은 기자 회견을 열어 열쇠를 찾은 놀라운 사실을 발표하였다. 영화사측은 쉬제르 사장에게 열쇠를 넘겨줄 것을 요청했지만, 호텔측은 이를 거부했다. 쉬제르 사장은 열쇠를 넘겨주는 조건으로 200만 불과 워너 부라더스사가 제작한 영화를 터키 국영 TV에 무료로 제공하고, 크리스티와 관련한 영화 상영 수입금의 15%를 요구했다. 영화사측은 미국에 돌아가 협의해보겠다고 돌아갔다. 영화사는 이제 크리스티의 실종 11일 간을 밝혀줄 그녀의 일기장이 어디에 있는지 밝혀달라고 란드에게 부탁했지만, 무속인 란드는 열쇠를 자기 손에 쥐지 않고서는 말할 수 없다고 말했다.

　영화사 관계자, 무속인 란드와 쉬제르 사장은 각각 2만 불을 투자하기로 하고 11일 간의 행적을 찾을 때까지 공동 투자금에서 경비를 지출하기로 합의하였다. 그러나 영화사 관계자와 란드가 터키를 방문하기로 할 즈음, 호텔 종업원들이 앞으로 1년 간 계속될 파업을 시작했다. 파업이 끝나자마자 호텔에서 대규모 보수 작업을 시작하게 되자, 영화사는 크리스티에 관한 영화 제작을 포기하였다. 현재 이 문제의 열쇠는 호텔측에 의해 은행 금고에 보관되고 있다.

　페라 팔라스에는 이곳에서 오리엔트 특급 열차의 정취를 느끼려는 외국인들이 많이 투숙하고 있다. 투숙객은 주로 유럽인이 대부분이었으나, 최근에 이르러서는 일본, 한국, 중국 등 동양인의 방문객도 늘고 있다고 한다.

이스탄불 시내 중심인 탁심

　탁심은 베이올루의 중심이자, 이스탄불의 중심이기도 하다. 탁심은 터키어로 '분할' 또는 '무엇을 나누다'라는 뜻이다. 탁심이라는 말은 1732년 마흐무드 1세 술탄이 이스탄불 근처 벨그라드 숲에 있는 저수지에서 끌어온 물을 집결시킨 후 배수(配水)하기 위한 시설을 이곳에 지은 데서 나왔다. 탁심 광장에서는 마르마라 호텔이 한눈에 들어온다. 광장 한가운데는 국부 아타튀르크의 기념탑이 있는데, 국부 동상은 1928년에 이탈리아 조각가 카노니카가 만든 것이다. 광장의 북동쪽에 자리하고 있는 건물은 '아타튀르크 문화관'으로 연중 다양한 국내외 문화 행사가 열리고 있다. 탁심 광장 북쪽에는 공원이 자리하고 있다. 도심의 여유를 느낄 수 있는 작은 공원이다. 공원의 서쪽에 연결된 길이 하르비예로 연결되는 '줌후리예트 잣데씨'이다.

　하르비예는 문화의 거리라 할 만큼 공연장이 많이 있다. 뤼트피 크르다르 공연장, 야외 극장, 제말 레쉬트 레이 공연장이 있고 두 개의 박물관이 있다. 힐튼 호텔 바로 뒤편에 있는 군사 박물관은 터키인들의 군사 역사를 한눈에 살펴볼 수 있는 곳이다. 다른 또 하나의 박물관은 '할라스캬르가지 잣데씨'에 있는 아타튀르크의 집이다. 터키의 국부인 아타튀르크는 이 집에서 독립 전쟁을 시작하기 전인 1918~1919년 사이에 머물렀다고 하는데, 아타튀르크가 사용했던 유품들이 전시되어 있다.

하르비예에 있는 군사 박물관에는 한국관이 마련되어 있다. 이곳에는 한국 전쟁 때 터키군이 사용한 군기를 비롯하여 여단장이었던 타흐신 야즈즈 소장과 제랄 도라 대령이 소지했던 유품이 전시되어 있다. 갈라타사라이 고등학교 학생들이 터키 장병들을 격려하고 위로하기 위해 "베라베리즈(우리는 당신들과 함께 있습니다)"라고 피로 쓴 사각형의 천이 눈길을 끈다. 사각형의 천 왼쪽 위에는 터키 국기를 수놓았고 나머지 부분에는 학생들이 자신들의 피를 한 점씩 찍어놓아 전쟁에서 싸우는 군인들과 함께 한다는 동족애를 상징하였다. 학생들의 피는 세월이 지나 붉은 색은 없어지고 회색으로 변한 채 남아 있다. 또한 이 전시장에는 도로 품평회에서 시흥군이 받은 것으로 보이는 우승기가 있는데, 한국 전쟁 때 터키군이 입수한 것으로 보인다. 군사 박물관에는 오스만 제국 군대가 남부 유럽 및 중동 지역에서 치른 전투에서 취득한 대포가 박물관 안팎에 많이 전시되어 있어 볼 만하다. 또한 비잔티움이 다른 배가 진입하는 것을 막기 위해 골든 혼 입구에 깔아놓았던 긴 철퇴를 보면 콘스탄티노플 성을 지키려 했던 비잔티움의 절규가 들리는 듯하다.

오스만 제국 병사의 제복을 입은 메흐테르 전통 악대의 연주는 군사 박물관을 방문하는 사람들에게 큰 볼 거리이다. 메흐테르 군악대의 중요한 임무는 술탄이 출정할 때 술탄과 군사들의 사기를 고양하기 위해 북을 치며 우렁차게 연주하는 것이었다. 메흐테르 군악대가 사용하는 악기는 주로 타악기로 베이스 드럼인 '타블', 타봉(打棒)인 '차가나', 피리인 '주르나' 등이다. 이 군악대는 평시에는 병사들의 사기를 북돋워주었고, 전시에는 적에게 무적의 오스만 군대가 가까이 있음을 알리는 공포의 신호였다.

이슬람 성지, 에윕

오스만 제국 당시에 이스탄불 주변에 있는 중요한 행정 지역은 갈라타와 위스크다르 외에도 에윕이 있었다. 이슬람교의 창시자 모하메드의 추종자인 '에부 에윕 엔사리(엔사리는 모하메드를 도와준 메디나 주민을 말함)'는 콘스탄티노플을 정복하기 위해 처음으로 나선 아랍인이었는데, 그가 674~678년경 진두에서 싸우다가 콘스탄티노플 성 앞에서 전사한 데서 에윕이란 지명이 붙여졌다.

1453년에 이스탄불을 정복한 메흐메드 술탄은 정복 후 바로 에윕이 묻힌 곳을 찾도록 하였는데, 이슬람 종교 수장이 찾아냈다고 한다. 에윕은 그리스도교 성서에서 나오는 '욥'에 해당하는 인물로, 술탄의 명령에 따라 종교 수장은 에윕이 묻힌 곳을 찾기 위해 밤낮없이 신에게 기도하던 중 어느 날 꿈에서 그가 묻힌 자리를 신의 계시로 알게 되었다고 한다. 기도를 드리던 바로 그 장소에 묻혀 있다는 꿈의 계시를 받은 종교 수장이 그곳을 파보니 정말 에윕의 유골이 그의 이름이 새겨진 돌과 함께 발견된 것이었다. 죽은 지 800여 년이 지나 사자(死者)가 묻힌 곳을 꿈자리에서 알게 되었다는 것은 가공의 이야기같이 들리기도 한다. 에윕의 묘를 찾아낸 것은 허구일 것이라는 설에 대해, 일부 아랍 역사학자들은 에윕이 콘스탄티노플 황제를 상대로 한 싸움에서 사망한 후 아랍인 엔사리 전사들은 비잔틴 제국에게 화평의 조건으로 그의 묘를 잘 보존해줄 것을 요구했다고 주장한다. 여하튼 비잔틴 제국은 에윕의 묘를 봐주기로 약속하였고, 그 후 그의 묘를 비잔티움 사람들도 참배했다 하는데, 가뭄이 들었을 때 그의 묘 앞에서 기도를 드리면 비가 내렸다고 한다.

정복자 술탄은 1459년에 에윕 사원을 건축하고 에윕의 묘를 사원으로 옮겼다. 이런 이유로 에윕은 이스탄불에서 가장 신성한 장소가 되어, 술탄으로 즉위하는 왕들은 궁전에서 술탄 즉위식을 거행한 다음, 이곳에서는 오스만 제국의 건국자인 오스만 가지의 장검을 착복하는 식을 가졌다.

오스만 제국 시대에 에윕은 골든 혼을 끼고 있어 자연 경관이 매우 아름다운 곳이었다. 거기에다 성지로 대접을 받아 무척 경건한 곳이었다. 그런데 1923년 터키 공화국이 들어서고 근대화의 바람이 불면서 이곳은 골든 혼의 다른 지역과 마찬가지로 슬럼가로 변하고 말았다. 과거에 세워진 건축물들이 훼손되고 볼품없는 공장들이 들어서면서 과거의 경건함은 자취를 감추게 되었다. 이곳은 현재 이스탄불 구시가지 중 개발이 덜 된 지역으로 남아 있다.

갈라타 다리에서 출발하는 페리선을 타면 채 반 시간도 안 걸려 에윕에 도착할 수 있다. 에윕에는 1794년에 묻힌 셀림 3세 술탄의 어머니인 미흐리샤 발리데 술탄의 묘가 있다. 1918년에 사망한 메흐메드 5세 레샤드 술탄과 16세기 오스만 제국의 유명한 총리 대신인 소쿨루 메흐메드 파샤도 이곳에 묻혀 있다. 소쿨루 메흐메드 파샤는 오스만 제국의 쇠락 시기에 제국을 부활시키기 위해 노력하다가 1579년 자객에 의해 살해되었는데, 이는 오스만 제국의 전성기를 마감하는 상징이 되었다.

이스탄불의 아시아, 위스크다르

이스탄불은 유럽 지역과 아시아 지역으로 구성되어 있으나, 위스크다르는 아시아 지역 이스탄불에서 가장 역사가 깊은 지역이다. 고대 시대에는 '금의 도시'라는 뜻을 가진 '크리소폴리스'라고 불렸다. 위스크다르가 이렇게 불리게 된 연유는 페르시아인들이 아나톨리아 지방에서 약탈한 보물을 이곳에 감추었다는 데서 연유한다. 또 다른 설은 석양에 비치는 마르마라 해의 색깔이 금빛 같다는 데서 나왔다고 한다. 비잔틴 시대에 크리소폴리스는 수도인 콘스탄티노플의 속주(屬州)였다. 위스크다르는 수도 콘스탄티노플에 비해 방어력이 약한 입지적 여건 때문에 외세의 침략을 수차례 받고 파괴되었다. 중세기 후반부터 크리소폴리스는 '수쿠타리'로 불리게 되었는데, 기원전 5세기 초부터 그리스인들의 땅이었던 이곳은 14세기 중반에 결국 오스만 터키인들에게 정복당하고 말았다. 위스크다르가 스쿠타리라고 불린 데는, 왕의 수비대의 방패에 씌운 가죽을 의미하는 그리스어 스키토스와 관계가 있다고 한다. 스키토스는 로마인들에 의해 스쿠타리로 변했다. 이곳은 지정학적인 위치 때문에 오스만 제국 때에도 주요 행정 도시 역할을 하였다.

위스크다르로 가는 배는 에미뇌뉘와 베쉭타쉬에 있는 선착장에서 떠난다. 위스크다르에 있는 부두는 과거 크리소폴리스의 항구가 있던 바로 그

곳이다. 오스만 제국 시대에 이곳은 사우디아라비아의 메카로 성지 순례를 떠나기 위한 순례단이 집결하는 곳으로, 술탄이 메카의 종교 수장에게 줄 선물을 실은 낙타들이 집결했던 곳이다. 위스크다르 광장 북쪽에는 오스만 건축의 거장 시난이 술탄 카누니와 황후 휘렘 사이에 태어난 딸 미흐리마흐를 위해 1557~1558년에 세웠다는 이스켈레 사원이 있다. 이스켈레 사원 주변에는 한 개의 돔을 가지고 바로크 양식으로 건축된 아야즈마 사원, 거장 시난이 지은 아틱 발리데 사원과 시난의 목욕탕 건물, 아흐메드 3세가 자신의 어머니를 위해 세운 정수대 등의 건축물이 남아 있다.

보스포러스 해협과 마르마라 해가 만나는 곳에 위치한 쉠시 파샤 사원 앞쪽 마르마라 바닷가에 등대 같은 탑이 보인다. 이 탑은 '처녀의 탑'이라는 뜻으로 '크즈 쿨레시'라고 불린다. 크즈 쿨레시에 얽힌 전설이 있다. 이 전설에는 터키식과 서양식 두 가지가 있다. 먼저 터키식은 이렇다. 어떤 점술가가 왕에게 그의 딸이 뱀에 물려 죽을 수 있다고 말한다. 그러자 왕은 자신의 딸을 이 탑에 가두어 살게 했다. 그런데 적의 한 사람이 뱀을 넣은 과일 바구니를 왕의 딸이 있는 탑에 보냈는데, 과일 바구니를 연 공주가 뱀에 물려 죽게 되었다고 한다. 이후 이 탑의 이름은 처녀의 탑이 되었다고 한다. 또 다른 서양식 버전은 이렇다. 로마의 시인 보비드에 의하면, 레안드로스는 아프로디테의 사제인 헤로와 사랑에 빠졌다. 그는 헤로와 사랑을 나누기 위해 매일 밤 이 섬으로 헤엄쳐 왔다. 그런데 어느 날 밤 폭풍이 일어 길을 밝혀주는 등대가 파괴되었다. 이 때문에 레안드로스는 어둠 속에서 물에 빠지게 되었다. 다음 날, 헤로는 사랑하던 사람인 레안드로스의 시체를 발견하고는 깊은 시름에 빠져 결국 자살하고 말았다고 한다. 그 이후 이 등대는 '레안드로스의 탑' 이라 불리게 되었다고 한다. 이 등대는 펠로폰네소스의 전쟁에도 언급된다.

12세기에 비잔틴의 마누엘 1세 콤네누스는 탑 주변에 있는 암석 기반에 방어벽을 쌓았는데, 이스탄불을 정복한 터키인들도 이곳에 성벽을 쌓았다. 대지진으로 파괴된 레안드로스 탑은 1510년 술탄 셀림에 의해 복원되었다. 이 탑은 주로 등대 역할을 하였으나, 마흐무드 2세(1808~1839) 때 복원되어 해군의 군사 목적으로 사용되었다. 이 탑은 영화 제임스 본드의 007 시리즈 'The World Not Enough'에도 등장하였다.

위스크다르에서 또 하나 빼놓을 수 없는 건축물은 위스크다르의 남쪽 마르마라 해 연안에 세워진 사각형의 탑이다. 이 건축물은 크림 전쟁 때 플로렌스 나이팅게일이 간호사로 일했던 곳으로 유명하다. 이 건물은 오스만 제국 말기 새로이 창설된 신군대의 병력이 주둔하기 위해 셀림 3세 황제 때 목재로 지어졌다가, 마흐무드 2세와 압둘메지드 시대에 석재 건물로 바뀌게 되었다. 이 건물은 현재도 군대 시설물로 사용되고 있어 민간인의 출입은 금지되고 있으나 북동쪽에 있는 방 하나가 나이팅게일 박물관으로 되어 있다.

우리 한국인에게 위스크다르는 각별한 인연이 있는 곳이다. 터키군의 한국전 참전으로 한국에 들어온 것 중 하나가 위스크다르라는 오래 된 터키 민요이다. 이것은 오스만 제국 때부터 구전으로 내려오는 터키의 전통적인 민요이다. 터키에 있는 젊은 세대들은 위스크다르를 잘 모르지만, 구세대들은 기억하고 있는 민요이다. 이 민요의 원 제목은 '캬팁' 인데, 캬팁 이란 계급이 그리 높지 않은 공무원을 말한다. 우리 나라에서는 "위스크다라 머나먼 길 찾아 왔더니…"라는 노랫말로 알려지게 되었다. 6~70년대에 '위스크다르' 하면 터키를 연상할 정도였다고 한다. 이 민요는 부르는 사람의 기분에 따라 느리게 부르면 슬픈 곡조가 되고, 빠르게 부르면 흥이 나는 그런 노래다. 노랫말을 보면, 위스크다르에 살고 있는 처녀가 젊은 공무원을 사모하는 연가(戀歌)이다. 이 민요의 가사를 우리가 알기 쉽도록 의역하여 운율에 맞추어 옮겨보면 다음과 같다.

위스크다르 가는 길에 비가 내리네.
그대의 외투 자락이 땅에 끌리네.
내 님이 잠에서 덜 깨 눈이 감겼네.
우리 서로 사랑하는데 누가 막으리.
내 님의 하얀 셔츠도 너무 잘 어울려.

위스크다르 가는 길에 손수건을 놓았네.
그대를 위한 손수건에 사랑을 담았네.
어느새 내 님이 바로 옆에 있네.
우리 서로 사랑하는데 누가 막으리.
내 님의 하얀 셔츠도 너무 잘 어울려.

소나무 숲 참르자

위스크다르에는 소나무 숲이 우거진 '참르자'라는 곳이 있다. 불구를루 산 정상에 있는 참르자는 이스켈레 광장에서 동쪽으로 약 4km 떨어진 곳에 있다. '참'이라는 말은 '소나무'를 뜻하는데 소나무가 많아 참르자라는 이름이 붙여졌다. 이곳은 해발 267m로 이스탄불에서 가장 높은 곳으로 맑은 날 참르자 정상에서는 보스포러스는 물론, 흑해와 마르마라 해에 있는 왕자의 섬들도 볼 수 있다. 사람의 제한된 시각으로는 이스탄불을 한눈에 보는 것이 불가능하다. 새가 위에서 내려다본 것처럼 그린 것이 조감도(鳥瞰圖)라면, 이스탄불의 조감도를 실감 있게 볼 수 있는 곳이 바로 이곳이다. 이곳을 가기 위해서는 보스포러스 대교를 지나야 하는데, 차량으로 보스포러스 대교를 지나면서 내려다보는 보스포러스 해협 양안의 경관은 가히 장관이다.

이곳에 사람이 처음으로 살았던 기록은 무라드 4세(1623~1640) 때인 것으로 알려져 있다. 사냥꾼으로 알려진 메흐메드 4세(1648~1687)는 이곳에서 왕자의 섬들이 내려다보이는 곳에 별장을 짓도록 하였다. 참르자는 이때부터 별장들이 들어서게 되었다. 참르자에서 위스크다르에 이르는 곳은 포도밭이 많아 '포도밭이 많은 곳'이라는 뜻의 '바아라르바쉬'가 있다. 바아라르바쉬 숲속에는 오스만 제국의 마지막 술탄인 압둘메지드(1839~1861)의 저택이 있다. 이 저택은 1만 6,000㎡의 크기로 압둘메지드가 오랫동안 이곳에서 머물렀다. 이 사저는 현재 야프 크레디 은행의 소유가 되었다. 또한 압둘아지즈(1861~1870)가 사냥을 하기 위해 쉬었다는 단층으로 된 집도 있다.

위스크다르의 아래쪽이자 구도시의 반대편에는 '눈먼 사람들의 도시'라는 '카드쾨이'가 있다. 카드쾨이의 옛 이름은 칼케돈이다. 비잔틴 제국의 영토였던 카드쾨이는 1352년에 오스만 제국의 소유가 되었다. 오스만 제국이 1453년 이스탄불을 완전히 정복한 후, 쉴레이만 술탄은 이 땅을 왕립 법관에게 주었다. 오스만 제국의 왕립 법관을 '카드'라 불렀는데, 카드쾨이란 지명은 이렇게 하여 생기게 되었다.

수려한 휴양지, 왕자의 섬들

마르마라 해 연안에는 아홉 개의 조그만 섬들이 있다. 이 섬이 바로 '왕자의 섬들'이라고 불리는 섬이다. 갈라타 다리가 있는 에미뇌뉘 선착장에서 페리선을 타면 한 시간 만에 도착한다. 왕자의 섬에 있는 섬들의 크기는 5.4~8.0㎢ 로, 비잔틴 시대에 왕족이나 고관, 사제들을 유배한 곳으로 유명하다. 왕자의 섬들은 뷔윅아다, 헤이벨리아다, 부르가즈아다, 크날르아다, 세데프아다, 야쓰아다, 카쉭아다, 시브리아다와 타브샨아다로 구성되어 있다. '아다'는 터키어로 섬이라는 뜻이다. 이 중 야쓰아다, 카쉭아다, 시브리아다, 타브샨아다를 제외한 다섯 개 섬은 사람이 거주하고 있다. 야쓰 섬은 이스탄불 대학교 해양생명과학대에서 소유하고 있는데, 1960년 군사 혁명 후 아드난 총리와 각료들이 수용되고 재판받은 곳으로 유명하다.

왕자의 섬에 사람이 살았다는 기록은 알렉산더 대왕 시대로 거슬러 올라간다. 기원전 298년에 알렉산더 대왕은 이곳에 성을 쌓았다고 한다. 비잔틴 제국의 콘스탄티누스 황제의 명에 따라 감옥으로 사용될 수도원이 이곳에 많이 세워졌다. 그 이후 폐위된 황제, 공주, 사제들이 이곳에서 말년을 보냈다. 이스탄불 정복 시 크날르, 부르가즈 섬은 오스만 군에 의해 바로 정복되었으나, 뷔윅아다는 끝까지 저항을 하였기 때문에 오스만 군은 이 섬을 이스탄불 정복 후 42일 만에 정복할 수 있었다. 왕자의 섬들에서는 차량 운행이 금지되어 있어 천연 자연의 정적과 아름다움이 그대로 간직되어 있다.

뷔윅아다는 왕자의 섬들 중에서 가장 큰 섬으로 평상시 인구는 7,000명 정도이나, 여름 휴양기에는 10만 명에 이른다. 소나무 숲이 바다와 이루는 아름다움은 형용할 수 없을 정도이다. 이레나 황후가 지은 수도원은 여자들을 유배하는 장소로 쓰였다. 이 섬은 19세기 후반부터 휴양지로 이용되기 시작하였다. 1908년 혁명 이후 술탄 압둘하미드 측근 정치인들이 이 섬에 강제 연금되었다.

크날르 섬은 이스탄불에서 가깝다(proximity)는 뜻으로 그리스어로 '프로티'라고 불렸다. 1071년에 튀르크계 셀주크 제국의 명장 알프 아르슬란에 패배한 로마누스 4세 디오게네스의 궁전이 있던 곳으로 알려진다. 알프 아르슬란은 비잔틴 제국 군대와 맞서 1071년 반(Van) 호수 근처 만지케르트(현재 지명 말라즈기르트)에서 가진 전투에서 로마누스 4세가 이끄는 비잔틴 군대를 격퇴시켰다. 비잔틴 황제 휘하에는 발칸 반도에서 데려온 튀르크 용병이 많이 있었지만, 전투 도중 이들이 알프 아르슬란 편을 드는 바람에 전세가 뒤바뀌었다.

헤이벨리 섬은 데모니소스 또는 할키라고 불렸다. 이들 이름은 동 광산과 관계가 있는데, 전해오는 이야기에 따르면 이곳에서 나오는 동은 시력 장애를 치료하는 금을 포함하고 있었다고 한다. 19세기에 동 광산의 채굴이 있었으나, 경제성이 없는 것으로 확인되었다. 그리고 이 섬에는 그리스 정교회의 주교가 세운 수도원이 있는데, 그간 몇 차례의 화재로 파괴되었으나 복구되었다. 유명한 시인 탄델리디스가 이곳에서 살다가 죽어 정원에

묻혔다.
 마지막으로 부르가지 섬은 안전한 항구라는 뜻의 '파노르마스'라고 불렸다. 1950년대 부유한 유대인들이 이곳에서 옛 주택들을 복원하고 새 집을 짓기 시작하였다. '부르가즈'라는 이름은 그리스어에서 탑의 뜻인 '피르고스'에서 유래한 말이다.

4부
보스포러스 해안의 궁전들

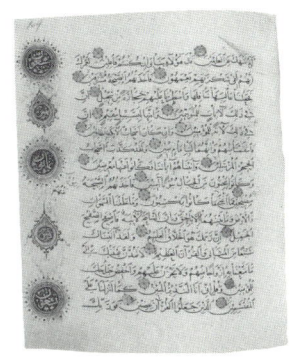

유럽풍으로 화려한 돌마바흐체 궁전

보스포러스 해안의 돌마바흐체 궁전이 있는 자리는 17세기부터 시작하여 오스만 제국의 술탄들이 많은 별장을 세운 곳이다. 돌마바흐체는 '정원으로 가득 찬 곳'이라는 뜻이다. 아흐메드 1세 술탄(1607~1617)이 현재의 궁전 자리에 작은 정자를 지은 이후 목재 건축물이 주변에 세워지고 정원도 잘 가꾸어지면서 돌마바흐체라 불리게 되었다. 그러나 이곳에 세워진 건축물들은 1814년 화재로 많이 소실되었다.

압둘메지드 술탄(1839~1861)은 이곳에 세워진 별장들이 목재로 만들어져 볼품없고 쓸모없다는 이유로 작은 별장들을 부수고 호화스런 돌마바흐체 궁전을 세웠다. 압둘메지드는 오스만 제국의 영광을 회복해보겠다는 야심으로 국가 재정은 아랑곳하지 않고 궁전의 건축에만 몰두하였다. 이 궁전을 짓기 시작할 무렵, 오스만 제국은 국력이 쇠약해져 서구 열강으로부터 개방 압력을 받고 있었고, 내적으로는 국력 회복을 위해 서구 열강과의 관계를 통해 군사, 행정 등의 분야에서 개혁을 추진하고 있었다. 또한 유럽의 영향을 받아 민족주의 움직임이 활발해져 제국 내 소수 민족들의 독립을 위한 반란이 계속 일어나는 가운데, 무거운 외채로 인한 국가 재정은 고갈 상태에 접어들게 되었다. 돌마바흐체 궁전은 이처럼 오스만 제국이 국내외로 가장 어려운 시기에 건축되었다.

이 궁전은 오스만 제국 말기인 1843년에 유명한 건축가인 카라벳 발얀과 그의 아들 니코고스 발얀에 의해 건축이 시작되어 13년 만인 1856년에 완공되었다. 돌마바흐체 궁전은 이전의 오스만 제국 건축 방식에서는 없었던 아름다운 정원 조경을 가진 것이 특징이다. 궁전의 정원 분수대는 돌마바흐체 궁전이 유럽풍의 건축물이라는 것을 바로 대변해주고 있다. 궁전의 내부 장식은 파리 오페라 건물을 디자인한 프랑스인 세샹이 맡았다. 이 때문에 돌마바흐체의 장식이나 가구들은 마치 프랑스 궁전의 내부를 연상하게 한다. 불랑제, 게롬, 프로멘틴, 아이바소브스키 같은 당대 유명한 예술가들이 이 궁전의 내부 그림 장식을 위해 총동원되었다. 의전 홀의 천장에 그려져 있는 그림은 매우 화려하고 사실적이며 입체적으로 묘사되어 있다. 프랑스의 베르사이유 궁전을 모방한 돌마바흐체 궁전의 주요 구성 부분은 술탄이 사용하는 셀람륵(국사 집행용), 의전이나 주요 행사를 위해 사용된 의전 홀(공식 행사용), 하렘 등 세 구역으로 나뉜다. 이 궁전의 $\frac{3}{5}$는 하렘이 차지하고 있다. 지하층을 포함하여 3층으로 구성된 돌마바흐체 궁전은 332개의 방, 18개의 홀, 6개의 목욕탕, 68개의 화장실을 갖고 있으며, 1912년에 전기와 중앙 난방이 도입되었다.

이 궁전이 자랑하는 소장품으로는 4.5톤 규모의 샹들리에와 4,455㎡ 넓이의 수직(手織) 헤레케 카펫이 있다. 헤레케는 이스탄불 인근에 있는 지방 마을로 이곳에서 생산되는 카펫은 옛날부터 품질이 좋기로 유명한데, 터키에서는 지금도 헤레케산 카펫을 최고급품으로 치고 있다. 세계에서 가장 큰 규모라는 샹들리에는 보헤미안 유리와 바카랏 수정으로 이루어진 750개의 등이 매달려 있는데, 러시아의 니콜라스 2세 황제가 압둘메지드 술탄에게 선물한 것이다. 내부 장식에만 총 14톤의 금과 40톤의 은이 투입되었을 정도로 실내 장식이 웅대하고 매우 화려하다.

돌마바흐체 궁전은 오스만 제국 말기에 술탄이 국정을 집행하는 조정이자 술탄과 그의 가족이 사는 저택이었다. 그러나 34대 술탄인 압둘하미드 2세(1876~1909)가 신변 안전을 이유로 돌마바흐체 궁전보다 위쪽에 있는 일드즈 지역에 자신이 살 궁전을 지어 그곳을 사용했기 때문에 오스만 제국 술탄의 저택이자 조정으로는 20여 년밖에 사용되지 못했다. 터키 공화국이 선포된 후 앙카라가 수도가 되자 초대 대통령인 아타튀르크는 이스탄불에 오면 돌마바흐체 궁전에서 머물렀다.

이 궁전은 터키 정치사에서도 중요한 자리를 차지하고 있다. 1877년 오스만 제국 사상 처음으로 개원된 의회가 이곳에서 열렸고, 터키의 국부이자 터키 공화국의 초대 대통령 아타튀르크가 임종을 맞았던 곳도 이 궁전이다. 아타튀르크는 말년에 병이 들어 고생하다가 돌마바흐체 궁전의 해협이 바라보이는 한 침실에서 1938년 11월 10일 오전 9시 5분에 사망하였다. 이 방에는 그가 사망한 시간에 정지되어 있는 시계가 놓여 있다.

사치를 좋아하던 압둘메지드는 돌마바흐체 궁전뿐만 아니라 다른 별장들을 지으면서 그렇지 않아도 어려운 국가 재정을 더욱 어렵게 만들었다. 그는 자신의 세 딸의 결혼식을 국가의 재정난 속에서도 화려하게 치렀고, 보스포러스 해안에 별장을 지어 딸들에게 결혼 선물로 주었다. 이 때문에 보스포러스 해안은 궁전들이 차지하게 되었고, 보스포러스 해협의 파란 물 위에는 여흥을 즐기는 궁전 사람들의 배로 넘실거리게 되었다. 압둘메지드 시대에는 외국에서 빌린 외채의 이자를 갚기 위해 고율의 외채를 또 빌려

돌마바흐체 궁전. 오른쪽에 보이는 시계탑은 사르키스 발얀의 작품이다.

야 했고, 이런 악순환 속에서 국가 재정은 바닥이 난 상태가 되었다. 압둘메지드는 돌마바흐체 궁전의 운영 경비를 줄이는 방법으로 하렘의 여성들이 베이올루에 나가 물건을 사는 것을 막기 위해 마차 바퀴에 열쇠를 채웠다고 전해지고 있다. 22년 간 술탄직을 수행한 그는 폐렴으로 병세가 악화되면서 1861년 6월 25일 38세로 세상을 떠났다. 그 후 반 세기가 조금 지나 오스만 제국은 멸망하였고, 압둘메지드가 보스포러스 해안에 세운 궁전들은 지난날 권세를 가졌던 왕들의 여흥 장소라는 기억으로 남게 되었다.

돌마바흐체 궁전을 지은 31대 술탄인 압둘메지드는 겨우 5년 동안 이 궁전에서 지냈을 뿐이다. 32대 술탄인 압둘아지즈는 돌마바흐체 궁전보다는 츠라안 궁전을 좋아했다. 압둘아지즈는 츠라안 궁전에서 1876년 6월에 사망하였는데, 33대 술탄인 무라드 5세도 그해 8월 츠라안 궁전에서 사망하자, 그의 뒤를 이은 압둘하미드 2세는 돌마바흐체 궁전에서 7개월을 지내다가 신변 안전을 이유로 일드즈 궁전으로 옮겼다. 35대 메흐메드 레샤드 술탄은 돌마바흐체 궁전을 보수하면서 중앙 난방과 전기 시설을 도입하였다. 그가 1918년 7월에 사망하자 오스만 제국의 마지막 술탄으로 즉위한 메흐메드 6세가 1922년 11월 영국 군함을 타고 망명길에 오름으로써 오스만 제국의 술탄이 살던 돌마바흐체 궁전의 위엄과 위용은 종이 조각이 되어버렸다.

돌마바흐체 궁전 앞에는 시계탑과 사원이 있다. 높이가 27m이고 네 단으로 된 시계탑은 사르키스 발얀의 작품인데, 네 면에 각각 프랑스산 시계가 있다. 시계판은 아랍어 숫자로 되어 있다. 시계탑 가까이에 있는 돌마바흐체 사원 역시 발얀의 작품이다. 이 사원은 압둘메지드 술탄의 어머니를 위해 1855년에 세운 것으로 돔이 하나로만 되어 있는 것이 특색이다. 미나레가 두 개이며 매우 아담한 느낌을 준다.

고독한 술탄들이 사랑한 일드즈 궁전

일드즈 궁전은 보스포러스 해협이 잘 내려다보이는 숲에 있다. 일드즈는 '별' 이라는 뜻이다. 비잔틴 시대에는 이곳에 건축물이 하나도 없었으나, 오스만 제국 말기에 이곳에다 궁전을 지었다. 이곳은 무라드 4세(1623~1640)가 사냥했던 곳으로 유명하다. 아흐메드 1세 술탄(1603~1617) 시대에는 술탄이 거니는 공원으로 조성되었고, 술탄을 위한 조그만 별장도 세워졌다. 그 후 셀림 3세 술탄(1789~1807)은 정원을 복원하고 자신의 어머니를 위해 일드즈라는 별장을 지었다. 이 궁전은 오스만 제국 말기에 군대 혁신의 한 현장이 되었다. 마흐무드 2세 술탄(1808~1839)은 아사키리 만수레이 무하메디예(모하메드의 승리한 용사라는 뜻)라는 신식 군대를 조직하고 일드즈 궁전 정원에서 훈련을 시켰다. 술탄은 신식 군대의 훈련 모습을 지켜보기 위해 별장을 지었다.

돌마바흐체 궁전이 육상이나 해상의 공격에 쉽게 노출된 데 비하면, 일드즈 궁전은 보스포러스 해협이 내려다보이는 산쪽에 위치하여 전략상 안전한 곳이었다. 오스만 제국 말기 개혁파들이나 조정의 반대파들에 의해 언제 살해되거나 퇴위될지 모르는 불안감을 갖고 있던 술탄들에게는 숲속에 있는 일드즈 궁전이 자신의 몸을 지키기에는 좋은 장소였다. 압둘하미드는 살림살이를 돌마바흐체 궁전에서 일드즈 궁전으로 옮겼다. 이때부터

1898년에 찍은 일드즈 궁전의 의전 행사 모습.

일드즈 궁전은 이후 32년 간 술탄의 숙소이자 정부의 중심이 되었다.
    일드즈 궁전의 역사는 터키 역사에서 격동의 시대와 같이한다. 서구로부터 개혁의 압력을 받아오던 오스만 조정은 1877년에 헌법에 규정된 의회를 마지못해 구성하였으나, 최초로 구성된 의회는 1년 만에 해산되고 말았다. 압둘하미드 술탄은 정치적으로 고난의 시대를 마감한 황제였다. 청년 터키당이라 불리는 개혁파들이 술탄의 폐위와 헌정 복귀를 요구하면서 술탄이 살고 있던 일드즈 궁전을 점거하자 1909년 4월 27일 압둘하미드는 마침내 술탄직을 내놓아야만 했다. 술탄이 폐위되자 궁전의 약탈이 시작되었다. 궁전 내에 있던 많은 귀중한 소장품들이 약탈당하거나 크게 훼손되었다. 그러나 압둘하미드의 33년 집권 시 기록과 사진들이 있던 도서관 건물은 그대로 남아, 모든 자료들은 현재 이스탄불 대학교 도서관에 소장되어 있다. 술탄과 그의 가족은 살로니카(현 지명 그리스의 데살로니키)로 쫓겨났다가 몇 년 후 다시 이스탄불로 돌아와 1918년 사망할 때까지 베일레르베이 궁전에서 살았다.

1909년 압둘하미드 2세 술탄이 폐위된 후 뒤를 이은 메흐메드 레샤드와 메흐메드 바흐데틴 술탄이 잠시 일드즈 궁전을 사용하기는 했지만, 일드즈 궁전은 군사 학교 건물로 잠시 사용되다가 1978년에 대대적인 보수 작업을 거쳐 박물관으로 지정되었다.

일드즈 궁전 내에는 별도로 정해진 단독의 궁전 건물이 있는 것이 아니라, 많은 중정을 사이로 세워진 여러 개의 별장들이 있는데, 이곳을 일반적으로 일드즈 궁전이라고 부른다. 그 외 극장, 박물관, 도서관, 목공예실, 행정 건물 등 부속 건물들이 있다. 이들 건물은 전통적인 터키 건축 양식과 서구 건축 양식이 혼합된 형태이다. 궁전 내 규모가 가장 큰 중정 주변에는 술탄이 국사를 보던 '마베인(술탄의 집무실) 별장', 술탄을 보좌하는 보좌관들이 기거하는 '야베란 별장', 술탄이 외국 대사를 접견하던 '치트 카스르', 무기고, 목공예실이 자리하고 있다. 두 번째 중정에는 궁전의 여인들이 거주하는 하렘 건물이 있다. 하렘 건물 주변에는 '아타 별장', '카메리예 별장', '지한누마 별장' 등이 있다.

일드즈 궁전 내 가장 대표적인 건물은 1866년 압둘아지즈 술탄이 건축가 발안을 시켜 지은 '대 마베인 별장' 이다. 이 별장에 크다는 뜻의 '대' 를 붙인 이유는 1901년 압둘하미드 2세가 그 옆에 자신의 마베인 별장을 또 지었기 때문이다. 특히 압둘하미드 2세의 마베인 별장은 18세기 유럽에서 유행한 아르누보 건축 양식을 모방하여 건축 외벽을 화려하게 장식하였다. 압둘하미드 2세가 지은 목공예실은 현재 박물관으로 사용되고 있다. 박물관으로 전환된 옛 목공예실에는 압둘하미드 시대에 사용했던 목공예 연장이나 기구들을 비롯하여 일드즈 궁전에서 생산했던 도자기, 압둘하미드 2세가 사용했던 의상, 그릇, 칼과 술탄이 받은 선물, 그리고 마베인 별장에서 쓰던 가구나 장식물들이 전시되어 있다. 궁전 내에는 궁전에서 사용하는 도자기를 생산하기 위한 도자기 제작소도 두었다. 도자기 공장은 이탈리아 건축가 라이몬도 다론코가 설계하여 세웠다. 일드즈 궁전에는 유일하게 연극을 공연하기 위한 극장도 두었다.

일드즈 궁전에서 가장 주목할 만한 별장은 '샬레 별장' 이다. 샬레는 스위스의 살레와 비슷하다고 붙여진 이름이다. 샬레 별장은 두 개의 건물로 이루어져 있는데, 첫 번째 것은 1889년에 세워졌고, 두 번째 것은 1898년에 세워졌다. 두 번째 건물은 이스탄불에 아르누보 건축 양식을 도입한 이탈리아 건축가인 다론코의 작품이다. 샬레 별장은 외국의 국가 수장들이 오스만 제국을 공식 방문할 때 이용하던 영빈관이었다. 특히 독일의 빌헬름 2세 황제는 오스만 제국을 세 번이나 공식 방문하고 샬레 별장에서 묵었다. 1895년에 빌헬름 2세의 방문으로 오스만 제국과 독일은 동맹 관계를 맺었다.

오스만 제국은 어떤 이유로 독일과 동맹 관계를 맺게 되는가? 19세기에 강대국은 중동을 놓고 경쟁하고 있었다. 이 당시 중동 지역은 오스만 제국의 지배하에 있었다. 프랑스는 이미 중동 지역에서 무역 활동을 하고 있었고 이 지역에 기독교 영향력을 확산시키기 위해 주도권을 발휘하고 있었다. 영국은 인도를 식민지로 만든 후에 인도까지 연결되는 통행로를 확보할 목적으로 중동에 눈독을 들이고 있었다. 러시아는 부동항을 찾기 위한 정책의 일환으로 중동을 넘보고 있었다. 중동 지역을 차지하기 위한 강대국 간 경쟁이 과열되자 세력 균형을 위해 우방 세력을 끌어들이는 것이 필요하였다. 때마침 19세기 후반에 독일도 강대국 대열에 들어서고, 비스마르크에 의한 동방 정책으로 중동 지역에 관심을 가지게 되었다. 압둘하미드 2세는 중동 지역에 대한 강대국 간 경쟁 무대에 독일을 자기 편으로 만들어 끌어들이려 하였다. 압둘하미드는 독일의 지지를 얻어냄으로써 오스만 제국을 분할하려는 영국, 프랑스, 러시아에 맞서 제국을 지켜나가려 하였다. 결국 독일은 오스만 제국을 지지해주는 대가로 오스만 제국으로부터 바그다드까지 연결하는 철도 부설권을 따낼 수 있었다.

독일 황제 빌헬름 2세는 오스만 제국의 압둘하미드 2세 술탄의 초청으로 1889년 11월 2일 토요일 군함의 호위를 받으면서 증기선을 타고 이스탄불의 돌마바흐체 궁전 부두에 도착했다. 부두에서 기다리던 압둘하미드 술탄은 의장대의 연주 속에 독일 황제 일행을 맞았고, 술탄의 딸인 나이메 술탄은 독일 황제 부인에게 꽃다발을 건넸다. 돌마바흐체 궁전의 황제실에서

10분 간 휴식을 가진 독일 황제는 마차를 타고 일드즈 궁전의 샬레 별장으로 옮겼다.

　빌헬름 2세의 오스만 제국 방문은 이로부터 9년 후인 1898년 10월 18일 화요일에 다시 이루어졌다. 독일 황제는 이번에도 돌마바흐체 궁전 부두에 도착하여 돌마바흐체 궁전에서 잠깐 머문 후 마차를 이용하여 일드즈 궁전으로 갔다. 독일 황제는 네 마리의 말이 이끄는 마차를 타고 일드즈 궁전으로 향했고, 압둘하미드 술탄, 푸앗트 파샤 총리 대신도 네 마리의 말이 이끄는 마차를 타고 뒤를 이었다. 독일 황제는 첫 번째 방문 때와 같이 이번에도 일드즈 궁전의 샬레에서 여장을 풀었다.

　독일 황제가 세 번째로 오스만 제국을 방문한 때는 1917년 10월 20일 토요일이었다. 독일 황제는 이번에는 기차를 이용하여 이스탄불 서쪽에 있는 퀴칙체크메제 역에 도착하였다. 엔베르 파샤와 베를린에 주재하는 오스만 제국 대사인 하크 파샤가 퀴칙체크메제 역에서 독일 황제를 맞았고, 이들은 시르케지 역까지의 구간을 수행하였다. 시르케지 역에 도착한 독일 황제는 메흐메드 5세 레샤드 술탄의 영접을 받은 후, 시르케지에서 배를 타고 돌마바흐체 궁전으로 향했다. 독일 황제가 세 번째로 오스만 제국을 방문하였을 때는 일드즈 궁전이 폐색되어 가고 있었기 때문에, 이번에는 돌마바흐체 궁전에서 여장을 풀었다.

호텔로 변해버린 츠라안 궁전

츠라안 궁전은 압둘아지즈 재위 시에 건축이 시작되어 1874년에 완성되었다. 압둘아지즈 술탄은 폐위된 지 닷새 후인 1876년 6월 4일 츠라안 궁전의 별채인 페리예 궁에서 사망하였다. 그의 죽음은 공식적으로는 자살이라고 발표되었지만, 타살이라는 소문이 끊이지 않았다. 그의 조카이자 승계자인 무라드 5세는 정신적으로 불안정하여 국정을 살필 수 없었다. 이 때문에 무라드 5세도 같은 해에 폐위되고 그 자리에 그의 동생인 압둘하미드 2세가 왕위에 올랐다. 1876년 한 해에 세 명의 술탄이 즉위하는 꼴이 되었다. 그 후 30년 간 무라드와 그의 가족은 츠라안 궁전에서 견디기 어려운 험난한 생활을 하게 되었다. 압둘아지즈에 이어 1905년 무라드가 츠라안 궁전에서 사망한 것은 이후에 일어날 불길한 역사의 신호였다.

1908년에 헌법이 제정되면서, 복구 공사가 시행된 후 이곳에서 의회가 소집되었다. 그런데 1910년 1월 어느 날 야간에 일어난 화재로 이 궁전은 새카만 뼈대만 남은 흉측한 구조물로 남게 되었다. 건축된 지 36년 만의 대참사였다. 이 대참사로 츠라안 궁전은 역사에서 잊혀진 궁전이 되었다. 오랫동안 폐허로 남아 있던 궁전은 보스포러스 해협이 바라보이는 부분에 남아 있는 뼈대를 근간으로 대대적인 보수 작업에 들어가더니 1980년대에 츠라안 궁전 호텔로 변신하였다.

츠라안 궁전을 세운 압둘아지즈는 참으로 힘든 인생을 보낸 인물이었다. 그는 부친인 압둘메지드 술탄이 병으로 사망하자 31세에 왕위에 올랐다. 그리고 1867년에 프랑스 루이 나폴레옹 황제의 초청으로 파리를 공식 방문했다. 압둘아지즈의 파리 방문은 술탄이 전장에 참가하기 위해 국경을 넘어가는 일 외에 외국을 방문하기 위해 국경을 넘어간 최초의 일이 되었다. 엘리제 궁전에서 환영 만찬에 참석한 압둘아지즈는 파리 방문에 이어, 영국, 벨기에 오스트리아를 방문하여 대대적인 환대를 받았다.

120kg의 거구인 그는 사치를 좋아했던 선왕 압둘메지드와 호사 방탕한 면에서 뒤지지 않았다. 정치적으로는 총리 대신을 거의 매년 바꾸는 바람에 국정의 일관성도 잃게 되었고 정치인들과 군부도 갈수록 부패하였다. 조정의 무능과 재정 고갈 상태는 압둘아지즈의 정치 생명을 위협하게 되었고, 마침내 군 수뇌들이 1876년 5월 30일 무혈 쿠데타로 압둘아지즈를 폐위하고 그 자리에 조카인 무라드를 옹립하기로 결정하였다.

그들의 계획은 성공하였고, 술탄이 된 무라드는 압둘아지즈를 츠라안 궁전 별채인 페리예 궁에서 지내도록 명령하였다. 압둘아지즈는 1876년 6월 4일 페리예 궁의 한 방에서 팔목을 가위로 베어 피를 흘려 죽은 채로 발견되었다. 조정에서는 그가 수염을 자르는 가위로 팔목을 베어 자살한 것이라고 발표하였지만, 사람들은 타살된 것으로 믿고 있었다. 압둘아지즈에 이어 무라드가 즉위하였지만, 술에 탐닉하고 정신 건강 상태도 갑자기 나빠져 국정을 수행할 수 없게 되자 같은 해 8월 30일 개최된 내각 회의 결과 그를 폐위하기로 결정함으로써, 그는 즉위 3개월 만에 폐위된 단명의 술탄이 되었다. 그를 이어 동생 압둘하미드가 술탄에 올랐다.

압둘하미드에 이은 메흐메드 5세 레샤드(1909~1918)에 이르러 츠라안 궁전은 개혁을 외치는 청년 개혁파들의 요구에 따라 원치는 않았지만 1909년 11월 2일 오스만 제국의 의회로 선포되었다. 그러나 불행하게도 1910년 1월 6일 일어난 대화재로 츠라안 궁전이 재로 변하게 되었다. 이 시기에 레샤드 술탄은 종이 호랑이에 불과하였고, 실제 권력은 개혁파의 의회 과반수를 점하고 있던 연합진보위원회와 마흐무드 셰브켓 파샤가 이끄는 군부에 있었다. 과거에는 술탄이 절대 권력을 갖고 있었지만, 레샤드 술탄은 대신과 종교 지도자 임명권만 행사할 정도로 술탄의 권한은 형편없이 축소되었다. 게다가 정부의 재정이 더욱 어려워지자, 술탄이 살고 있는 궁전의 유지나 보수도 점점 어려워지게 되었다. 이렇게 재정이 어려워지자 오스만 조정은 불타버린 츠라안 궁전의 보수를 포기할 수밖에 없었다. 이스탄불에 있는 궁전들의 보수가 전반적으로 어려워지게 되었고, 돌마바흐체 궁전을 비롯한 다른 궁전들도 보수가 안 된 채 쓸쓸하게 남게 되었다.

새까만 기둥만 남아 있던 츠라안 궁전은 민간 업체의 대대적인 보수 공사로 명성 있는 최고급 호텔로 변신하였다. 오늘날 이 호텔은 이스탄불을 방문하는 외국의 정상들이 투숙하는 명소가 되었다.

오스만 제국 말기의 여름 별장, 베일레르베이 궁전

　베일레르베이 궁전은 제1 보스포러스 대교가 있는 아시아 쪽 해안에 자리하고 있다. 이 궁전은 1829년 마흐무드 2세 술탄 때 보스포러스 해안에 목재로 만들었던 궁전 자리에 압둘아지즈 술탄이 1861~1865년 간 건축가 사르키스 발얀을 시켜 세운 것이다. 베일레르베이 궁전은 오스만 제국 말기에 술탄의 여름 별장으로 사용되던 곳이다. 베일레르베이는 '신사 중의 신사'라는 뜻이다. 이 궁전은 여성만 사용하는 하렘과 남성이 사용하는 셀람륵 등 두 개로 구분되어 있고, 3개 출입문, 6개 거실, 26개 방으로 구성되어 있다. 압둘아지즈는 베일레르베이 궁전 정원에 동상 하나를 세웠다. 프랑스인 조각가들이 만든 것으로 말을 타고 있는 압둘아지즈의 모습이다. 또한 그의 명령에 따라 궁전 앞에 사자 조각상도 세워졌다. 당시 동물 조각상은 프랑스에서 유행한 것으로 이스탄불에 세워진 궁전에 많이 도입되었다.

　15년 간 감금 생활을 하다가 34세에 즉위한 압둘하미드 술탄은 남을 의심하는 성격 때문에 일드즈 궁전에서 1909년 베일레르베이 궁전으로 옮겨 다시 감금 생활을 하게 되었다. 그는 그 전의 술탄인 압둘아지즈가 사망한 것은 압둘아지즈에 반대하는 사람들의 소행이라고 믿었고, 자신의 형이자 선왕인 무라드도 궁전에 감금된 채 생명을 유지하고 있었기 때문에 자신도

언제 당할지 모른다는 강박 관념 때문에 이상 성격이 형성되어 총이나 화살을 아무데나 들이대며 위협하는 비정상적인 행동을 보였다. 유년기를 고독하게 성장한 그는 자신이 사랑하는 고양이 한 마리를 데리고 베일레르베이 궁전에서 지내다가 1918년 이 궁전에서 사망했다.

  이 궁전은 술탄의 여름 별장으로만 사용되었고 겨울철에는 거의 사용하지 않았다. 여름철에 이스탄불을 방문한 세르비아의 왕자, 이란 황제, 프랑스 황후 등이 베일레르베이 궁전에서 여장을 풀었다.

5부
이스탄불을 아름답게 하는 자연

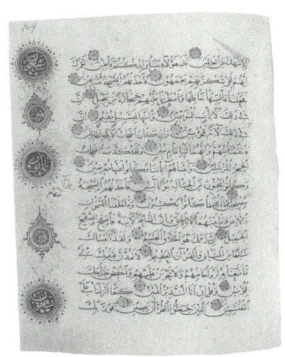

보스포러스 해협

보스포러스 해협은 흑해와 마르마라 해를 연결하는 수로인 동시에 터키 영토를 아시아 부분과 유럽 부분으로 분리하는 경계이기도 하다. 이 해협의 직선 길이는 29.9km이나, 아나톨리아 반도 쪽 해안 길이는 35km이고, 그 반대쪽 해안 길이는 골든 혼 해안을 포함하여 55km나 된다. 해협의 폭이 가장 넓은 지점은 루멜리페네리와 아나돌루페네리를 연결하는 부분으로 그 폭이 3.6km이며, 가장 좁은 지점의 폭은 루멜리히사르와 아나돌루히사르 사이로 698m이다. 수심은 50m 이상으로서, 가장 깊은 곳은 칸딜리와 베벡 사이로 120m나 된다.

보스포러스 해협은 북에서 남으로 진행하는 남류, 남에서 북으로 진행하는 북류의 두 가지 해류가 흐르고 있다. 즉 흑해에서 마르마라 해로 내려가는 해류와 마르마라에서 흑해로 올라가는 해류가 동시에 발생하는 것이다. 이와 같이 해류가 역류하는 현상을 보이는 이유는 내해 형태로 갇혀진 흑해가 비교적 강수량이 풍부한 데다, 주변의 많은 하천수가 흑해로 흘러들어가고 있어 그 수면이 마르마라 해 수면보다 높기 때문이다. 유속이 가장 빠른 곳은 해협의 폭이 가장 좁은 곳에서 발생하는데, 아시아와 유럽을 잇는 제2 보스포러스 대교가 있는 루멜리히사르와 아나돌루히사르 사이이다.

흑해에서 마르마라 해로 흐르는 거센 물살을 보면 보스포러스 해협이 마치 바다 같은 모습이다. 수면 아래 역류하는 거센 물살, 가끔 심하게 부는 바람과 안개 때문에 선박의 통항이 어려울 때도 있다. 보스포러스 해협이 수로가 좁은 이유도 있지만, 급커브 길과도 같은 급격한 만곡과 바람, 안개는 지나가는 배의 진행을 어렵게 하여 해상 사고가 많이 일어나기도 한다. 보스포러스 해협은 오스만 제국 시대에 조정의 권한으로 항행의 자유가 제한되었으나, 1936년 몽트뢰 협약에 따라 국제 수로로 규정되면서 항행 자유(航行自由)의 원칙이 세워졌다. 그러나 터키는 보스포러스 해협에서의 빈번한 해상 사고가 이스탄불 시민들의 안전은 물론, 자연 환경을 훼손시킨다는 이유를 들어 1994년 7월부터 보스포러스 및 다르다넬즈 해협 항행 규칙을 시행하고, 각종 해상 사고 방지를 위한 안전 조치를 취하도록 하고 있다.

보스포러스 해협은 한 개의 열쇠로 두 개의 세상과 두 개의 바다를 열고 닫을 수 있는 해협이다. 두 세상이란 유럽과 아시아를 의미하고, 두 바다는 마르마라 해와 흑해를 의미한다. 러시아도 부동항을 찾기 위해 오스만 제국과 투쟁하였다. 오스만 제국 입장에서 보면 보스포러스는 제국의 심장이었고, 러시아인들에게는 집으로 들어가기 위한 열쇠와 같은 것이었다.

그렇다면, 보스포러스 해협은 어떻게 생겼을까? 보스포러스 해협의 발생 이론은 두 가지가 있다. 첫 번째는 원래 호수 상태인 흑해의 바닷물이 빠져나가기 위해 침식 작용으로 생겼다는 것이다. 흑해에서 빠져나온 물이 높고 낮은 지표면을 침식시켜 생긴 것이 보스포러스 해협이라는 것이다. 두 번째는 유럽과 아시아 대륙 간에 지표면의 급격한 변동으로 깊은 틈이 생겼는데, 이것이 바로 보스포러스 해협이라는 것이다. 그러니까 원래는 한 조각이었던 땅이 갈라지면서 보스포러스 해협이 생겼다는 것이다. 멀쩡한 종이를 양손으로 잡고 찢으면 찢겨진 부분이 들쑥날쑥한데, 보스포러스 해협의 모습도 멀리서 보면 종이를 찢었을 때의 분리된 모습과 같다는 것이다. 찢겨진 부분들이 건물이나 수림에 감춰져 잘 보이지는 않지만, 보스포러스의 물을 빼고 분리된 양쪽을 합치면 하나가 된다는 것이다.

보스포러스 해협의 이름과 관련된 전설은 이렇다. 이오는 아르고스 왕인 이나쿠스의 딸로 아르고스 도시에 있는 헤라 신전의 사제였다. 그런데 어느 날 제우스 신이 이오를 보고는 그녀를 사랑하게 되었다. 제우스 신이 이오를 사랑하고 있다는 것을 알게 된 제우스 신의 부인인 헤라 여신은 이를 시기하게 되는데, 제우스 신이 이를 알게 되었다. 이오와 사랑에 빠진 제우스는 이오를 흰 소로 변하게 했다. 그러자 헤라는 쇠파리로 하여금 이오를 물게 하였다. 쇠파리를 피하기 위해 여기저기 뛴 이오는 이스탄불에 있는 해협을 건너게 되는데, 이런 연유로 소가 건넌 얕은 강이라는 뜻으로 '보스포러스'라는 이름이 생겼다고 한다.

역사상 보스포러스 해협의 통항을 규정한 최초의 인물은 비잔티움의 아나스타시수스 1세(491~518)일 것이다. 그는 해협을 통과하려면 금 50리톤을 내야 하는데, 이 규정을 깨는 자는 더 이상 친구가 아니므로 벌을 받게 될 것이라고 공표하였다. 아나스타시수스의 통항 규칙은 이스탄불 고고학 박물관에 전시되어 있다.

보스포러스 해협은 보통 세 군데로 나누어진다. 첫 번째는 골든 혼에서 보스포러스 대교까지, 두 번째는 보스포러스 대교에서 파티흐 술탄 메흐메드 대교까지, 세 번째는 파티흐 술탄 메흐메드 대교에서 흑해 입구까지이다. 보스포러스 대교가 있는 주변에 돌마바흐체 궁전, 츠라안 궁전, 일드즈 궁전, 베일레르베이 궁전이 몰려 있다. 보스포러스 해협을 다 뒤지지 않는다면, 보스포러스 대교 주변의 궁전만 보아도 충분하다. 돌마바흐체 궁전, 츠라안 궁전, 일드즈 궁전이 있는 지역은 유럽 쪽에 있는 이스탄불이고, 베일레르베이 궁전이 있는 지역은 아시아 쪽에 있는 이스탄불이다.

보스포러스 대교가 오스만 제국 말기의 궁전을 주변에 거느리고 있다면, 파티흐 술탄 메흐메드 대교는 루멜리 성을 거느리고 있다. 루멜리 성은 터키어로 '루멜리 히사르'라고 한다. 이 성은 파티흐 메흐메드 술탄이 콘스탄티노플을 정복하기 위해 1452년에 축성한 것이다. 반대편 아시아 쪽에는 이보다 약 60여 년 전에 바예지드 1세 술탄이 아나돌루 성을 축성해놓았다. 3,000명의 인력을 들여 축성한 루멜리 성은 세 개의 성탑으로 구성되어 있는데, 두 개는 언덕 위에 위치하고 한 개는 해안에 인접해 있다. 메흐메드 술탄은 사루자 파샤, 하릴 파샤, 자가노스 파샤 등 세 명의 장수에게 각각 성탑을 만들게 함으로써, 이들이 서로 경쟁을 하게 되어 4개월 만에 공사가 끝났다고 한다. 성탑의 이름은 그 성탑을 축성한 장수의 이름이다. 메흐메드 술탄은 성을 축성할 자리를 직접 선택하였을 뿐만 아니라, 기본 설계까지도 직접 하였다고 한다. 남쪽에 있는 성탑의 문에는 이 성탑이 이슬람력 856년 레젭 월(月)에 완성되었다고 새겨놓았다. 레젭 월은 이슬람력(歷)으로 7월을 뜻하므로 1452년 7월에 성이 완성되었다는 것이다.

아나돌루 성은 일드름 바예지드 술탄이 콘스탄티노플을 정복하기 위한 일차 사업으로 폐허로 남아 있던, 하늘의 지배자인 주피터 신전 위에 축성한 것이다. 오스만 군대는 1399년에 콘스탄티노플을 포위하였으나, 서쪽에서 십자군이 진군한다는 소식을 듣고 바로 철수하였다. 반대편에 정복자 메흐메드 술탄이 루멜리 성을 세우기 전까지 아나돌루 성은 주로 방어 목적으로 사용되었다. 메흐메드 술탄이 아나돌루 성을 보수, 확장하고 루멜리 성을 축성하게 되자 이들 성들은 적들로부터의 방어보다는 적에 대한 공격 목적으로 사용되게 되었다. 메흐메드는 아나돌루 성이 세워진 지 50년 후 반대편에 루멜리 성을 만들었다. 이들 성들은 육상이나 해상을 통해 콘스탄티노플에 식량이나 물품이 지원되는 것을 차단하였다. 말하자면 콘스탄티노플의 목을 꽉 죄는 역할을 하는 것이었다. 루멜리 성 주변은 숲으로 덮여 있고, 아나돌루 성 주변에는 아름다운 별장들이 자리하고 있다. 루멜리 성에서는 여름 밤이면 음악 공연이나 연극 등 문화 행사가 야외에서 열린다.

   보스포러스 해안 주변은 자연 경관이 아름답기로 유명하다. 세계의 다른 어떤 해안 도시보다도 이스탄불이 자연 경관 면에서 뛰어난 것은 보스포러스 해협 양안에 숲이 우거져 있고 곳곳에 하얀 대리석의 별장 건물들이 자연 속에서 평온한 느낌을 주고 있으며, 골든 혼에 있는 이슬람 사원들의 실루엣이 큰 화폭의 배경 같은 분위기를 만들어주기 때문이다.

보스포러스 대교

보스포러스 해협에 다리를 만든 이야기는 역사의 아버지라 불리는 헤로도토스가 쓴 〈역사〉에 나와 있다. 헤로도토스는 페르시아의 왕이 그의 군대를 어떻게 이란 남서부의 수사에서 보스포러스 해협까지 진군시켰는가를 설명하고 있다. 기원전 6세기경 고대 페르시아의 왕 다리우스 1세의 아들인 크세르크세스 왕이 그리스 본토로 원정하기 위해 보스포러스 해협에 배로 다리를 놓아 군대를 건너게 했다고 한다.

보스포러스 해협에는 두 개의 대교가 있다. 첫 번째 다리의 이름은 '보스포러스 대교'이다. 터키 공화국 창건 50주년에 맞추어 1973년에 개통되었으며, 다리의 총길이는 1,560m이고, 양 교각 간 거리는 1,074m이다. 대교의 폭은 33.4m로 5차선이고 중앙 수면에서 다리까지의 높이는 64m이다. 두 번째 다리의 원 이름은 '파티흐 술탄 메흐메드 대교'로 '정복자 메흐메드 황제의 다리'라는 뜻이다. 1988년 여름에 개통되었으며, 세계에서 다섯 번째로 긴 현수교이다. 아시아와 유럽 대륙의 양단에 세워진 교각 간 거리는 1,090m이고, 중앙 수면에서 다리까지의 높이는 64m이다. 대교의 폭은 39.4m로 6차선이다. 아시아 쪽에서 유럽 쪽으로 갈 때는 차량 통행료가 무료이나, 유럽에서 아시아 쪽으로 들어올 때는 통행료를 내야 한다.

골든 혼

흑해, 이스탄불 해협(보스포러스 해협과 다르다넬즈 해협을 말함), 마르마라 해로 싸인 차탈자 반도에 자리한 골든 혼 만은 2,500만㎡의 넓이이다. 골든 혼은 북서쪽에서 남동쪽 방향으로 진행되는 7.5㎞의 만이다. 갈라타 다리와 아타튀르크 다리 사이의 가장 깊은 수심은 42m이다. 안으로 갈수록 수심은 낮아지며, 할르즈올루 이후의 수심은 5m 안팎이다.

골든 혼의 옛 이름은 크리소케라스였다. 크리소는 '금'이라는 뜻이고, 케라스는 '뿔'이라는 뜻으로 골든 혼이 뿔처럼 생긴 데서 붙여진 이름이다. 또 다른 해석으로는 석양의 붉은 색조 때문에 골든 혼이라는 이름이 붙여졌다고 한다.

5세기경 테오도시우스 2세 황제는 골든 혼 연안에 20개의 성문을 만들었다. 오스만 제국에 이르기까지 골든 혼 연안에 주거지는 거의 없었으나, 17~18세기에 이르러 고관들이 조용한 곳을 찾게 되면서 이곳에 여름 별장을 지어 살게 되었다. 고관들은 이곳에서 지내면서 배를 타기도 하고 낚시도 즐겼다. 세월이 흐르면서 골든 혼보다는 넓고 경관이 좋은 보스포러스 지역으로 고관들의 관심이 바뀌면서, 골든 혼은 주거지에서 산업 지역으로 변하게 되었다. 이 때문에 역사적인 건물과 아름다운 자연 환경은 극도로 훼손되어 골든 혼은 옛날의 아름다운 모습을 잃고 말았다. 1980년대에 이르러 이스탄불 시는 골든 혼의 영광을 되살리려는 사업을 벌였다. 이스탄불 시의 노력으로 어느 정도 성공은 거두었으나, 이미 크게 훼손된 과거의 모습을 되살리기에는 역부족이었다.

골든 혼에는 세 개의 다리가 있다. 그중 '갈라타 다리'는 1845년에 처음으로 세워졌다가 1863년, 1875년, 1912년에 다시 세워졌으며, 현재의 다리는 1992년에 세운 것이다. 갈라타 다리는 구도시와 신도시를 이어주는 역할을 한다. '운카파느 다리(아타튀르크 다리라고도 함)'는 1836년에 세워졌고, 길이가 477m이다. 나무로 건조되어 1992년 5월 화재로 소실된 구 갈라타 다리는 현재 사용하지 않는다. 일본과 독일 기업의 합작 설계로 1974년에 세워진 '파티흐(정복자) 다리'는 1996년에 확장되었는데, 이 다리는 두 번째 보스포러스 대교인 '파티흐 술탄 메흐메드 대교'와 연결된다. 파티흐 다리는 할리치(골든 혼) 다리라고도 불린다. 레오나르도 다 빈치는 바예지드 2세 술탄에게 골든 혼에 부교 건설을 제의하는 편지를 보냈다. 톱카프 궁전이 소장하고 있는 이 편지에는 레오나르도 다 빈치가 스케치한 다리가 있으나 실현되지는 않았다.

골든 혼 다리의 진풍경은 고기를 낚는 이스탄불 사람들이다. 날씨가 좋은 날이면 다리 난간에는 낚시하는 사람들로 장사진을 이룬다. 다리 난간에서 낚시하는 사람들을 보면 그 해의 실업률을 짐작할 정도라는 말이 있을 정도이다.

마르마라 해

마르마라 해는 내해 성격을 띤 장방형의 바다로 보스포러스 해협과 다르다넬즈 해협을 연결하고 있다. 마르마라 해의 면적은 1만 1,350㎢로서, 이즈밋과 겔리볼루를 연결하는 동서 해안 연장은 278㎞, 테키르다와 남쪽 해안을 연결하는 남북 해안 연장은 74~76㎞이다.

마르마라 해 북쪽 연안에서 동서 방향으로 비교적 큰 해저 기복 현상을 보이고 있는데, 수심도 대체로 깊은 편이다. 해저 기복은 길고 넓게 파인 웅덩이와 같다. 마르마라 해의 서쪽에서 동쪽으로 가면 수심은 1,000~1,200m로 깊어진다. 그러나 남쪽은 수심이 100m를 넘지 않으며, 깊고 넓은 대륙붕을 가지고 있다. 마르마라 해의 염도는 비교적 높은 편이다.

마르마라 해는 보스포러스 해협을 통해 북쪽에 있는 흑해와 연결되고, 다르다넬즈 해협을 통해 서쪽에 있는 에게 해와 연결되는데, 비교적 파고가 일지 않고 잔잔한 편이며 간만의 차도 거의 없다. 마르마라 해의 옛 이름은 프로폰티스 해로서, 프로폰티스란 그리스어로 '앞에 있는 바다'라는 뜻인데, 흑해보다는 앞에 있다는 데서 붙여진 이름인 것으로 보인다. 오늘날 마르마라 해라는 이름은 대리석(영어로 마블) 광산이 있던 마르마라 섬에서 유래한다.

다르다넬즈 해협

다르다넬즈 해협은 북동에서 남서 방향으로 길게 뻗어 마르마라 해와 에게 해를 연결하는 수로이다. 이 해협은 동쪽의 소아시아 연안의 차낙칼레 지역과 서쪽으로 돌출된 겔리볼루 반도 사이에 있으며, 해협의 상층류는 에게 해로, 심층류는 마르마라 해로 흘러들어 어족도 풍부하다. 다르다넬즈 해협의 길이는 65km이며, 겔리볼루 쪽 해안의 길이는 78km, 그 반대쪽 해안선 길이는 94km이다. 해협의 폭은 1.2~8km까지 다양하다. 다르다넬즈 해협의 수심은 보통 50~60m 정도이나 깊은 곳은 75~100m이며, 가장 깊은 곳은 차낙칼레와 킬리트바히르 사이로 100m 정도이다.

터키에서는 다르다넬즈 해협을 보통 차낙칼레 해협이라고 부른다. 이 해협의 옛 이름은 헬레스폰트였으며, 현재의 이름은 아시아 쪽에 있었던 그리스의 고대 도시 다르다누스에서 유래한다. 고대 도시 트로이도 헬레스폰트의 서쪽에서 번창하였다. 비잔틴 제국과 오스만 제국의 역사에서 다르다넬즈 해협은 보스포러스 해협과 마찬가지로 콘스탄티노플과 이스탄불을 방어하는 데 매우 중요한 위치에 있었다. 다르다넬즈 해협은 보스포러스 해협과 더불어 예로부터 유럽과 아시아, 지중해와 유럽을 연결하고 있어 전략적으로 매우 중요한 해협이다. 오스만 제국의 쉴레이만 파샤는 1356년에 이 해협을 건너 유럽으로 들어갔으며, 15세기 이후 오스만 제국이 이 해협의 항행권을 독점하였다. 그러나 18세기에 러시아의 남하 정책을 저지하려는 영국, 프랑스 사이에 항행권을 둘러싼 해협 문제 발생 이후 1841년 런던 조약에 따라 이 해협은 모든 나라의 상선에 개방되었다.

　제1차 세계대전 당시 1915년 겔리볼루 전투에서 오스만 제국은 영국, 프랑스 연합국 군대와 맞서 약 9개월 간 치열한 방어 전투 끝에 승리하였으나, 이 전투는 양측 군대에서 각각 25만 명의 사상자가 발생한 대규모 전쟁으로 기록되었다. 제1차 세계대전에서 오스만 제국이 패하자 해협의 지배권은 연합국 대표로 구성된 국제 해협 위원회에 위임되어 오스만 제국은 각국의 선박, 군함, 항공기의 통과를 인정하게 되었다. 이 원칙은 1923년 로잔 조약에서 명시되었으나 터키는 1936년 몽트뢰 협정을 통해 해협의 관할권을 회복하였다.

흑해

흑해는 대륙으로 둘러싸인 내해 형태를 이루고 있으며, 보스포러스 해협, 마르마라 해와 다르다넬즈 해협을 통해 에게 해와 연결된다. 흑해의 면적은 아조프 해를 포함하여 46만k㎡이고 총 수량은 53만 7,250k㎡이다. 흑해의 평균 수심은 1,300m이며, 가장 깊은 곳은 이네볼루 연안으로 2,200m에 이른다.

여름철 평균 수온은 20~24℃ 정도이며, 겨울철 평균 수온은 북서쪽이 2~3℃이고 남동쪽이 12~13℃이다. 흑해 수온은 북쪽의 찬 하천수가 흑해로 계속 유입되기 때문에 에게 해나 지중해에 비해 낮은 편이다. 그러므로 여름철이나 겨울철에도 수온의 차이가 크지 않은 편이다. 특히 트라브존과 리제 일대는 기온의 변화가 크지 않고 습도가 70~80%로 높아 차 재배에 적합한 여건이다. 흑해에서 가장 추운 곳은 북서쪽으로 12월~1월경에 바닷물이 얼 정도다. 심하게 추울 때는 빙산까지 생겨 봄이 되면 빙산 조각이 보스포러스 해협으로 밀려나온다.

흑해는 하천수가 많이 유입되고 비가 많이 오는 지역에 있기 때문에 염도가 낮은 편이다. 염도는 수심에 따라 변하지만, 수심 200m 이하는 물의 움직임이 거의 없기 때문에 염도가 일정하다. 수심 100m 이하의 수온은 연중 8~9℃이다. 흑해의 또 다른 특징은 플랑크톤이 매우 적다는 것이다. 이는 바닷물의 흐름이 거의 없어 산소가 부족한 데다 해저에 이산화황 가스가 계속 만들어지기 때문이다. 이 때문에 수심 150~200m 이하에는 생물이 거의 살 수 없게 되었다.

　어떻게 해서 바다의 이름이 흑해로 되었는지는 정확하게 알려진 것은 없으나, 고대 그리스인들은 이 바다를 호의적인 바다라는 뜻으로 '폰투스 유키누스'라고 불렀다고 한다. 그러나 흑해에 사는 터키인들은 흑해라는 이름은 이 바다가 비도 많이 오고 파고도 심해 고기잡이를 나간 어부가 돌아오지 못하기 때문에 어부들의 어두운 마음을 나타내기 위해 붙여진 것이라고 설명하고 있다. 과거에 흑해는 카스피 해 및 아랄 해와 한몸이었다고 한다. 그런데 지질 제3기에 흑해가 카스피 해와 분리되면서 지중해와 연결되었다고 한다. 지중해가 다시 보스포러스 해협을 통해 분리되면서 흑해는 범람했다고 하는데, 일부 과학자들은 홍수에 의한 대이변일 것으로 가정하고 있다. 일부에서는 성경에 나오는 노아의 홍수 사건이라고 말하기도 한다.

비잔틴 제국 황제 연표 284~1453

디오클레티아누스 284~305
갈레리우스 305~311
리키니우스 311~324
콘스탄티누스 대제 324~337
콘스탄티누스 1세 337~361
율리아누스 361~363
요비아누스 363~364
발렌스 364~378
테오도시우스 1세 379~395
아르카디우스 395~408
테오도시우스 2세 408~450
마르키아누스 450~457
레오 1세 457~474
레오 2세 474
제논 타라시우스 474~491
아나스타시우스 1세 491~518
유스티아누스 1세 518~527
유스티니아누스 1세 527~565
유스티아누스 2세 565~578
티베니우스 2세 콘스탄티누스 578~582
마우리키우스 티베라우스 582~602
포카스 602~610
헤라클리우스 610~641
콘스탄티누스 2세 헤라클로나우스 641
헤라클로나스 콘스탄티누스 641
콘스탄티누스 3세 헤라클로나우스 641~668

콘스탄티누스 4세 668~685
유스티니아누스 2세 685~695
레온티우스(레오) 695~698
티베리우스 3세 698~705
유스티니아누스 2세 705~711
필리마쿠스 바르디데스 711~713
아나스타시우스 2세 아르테미우스 713~715
테오도시우스 3세 715~717
레오 3세 717~741
콘스탄티누스 5세 741~775
레오 4세 775~780
콘스탄티누스 6세 780~797
이레네 797~802
니케포루스 1세 802~811
스타우라키우스 811
미카일 1세 랑가베 811~813
레오 5세 813~820
미카일 2세 820~829
테오필루스 829~842
미카일 3세 842~867
바실리우스 1세 867~886
레오 6세 886~912
알렉산드로스 912~913
콘스탄티누스 7세 프로피로게니투스 913~959
로마누스 2세 프로피로케니투스 959~963

니케포루스 2세 963~969
요한네스 1세 969~976
바실리우스 2세 976~1025
콘스탄티누스 8세 프로피로게니투스
  1025~1028
로마누스 3세 아르기루스 1028~1034
미카일 4세 1034~1041
미카일 5세 1041~1042
조에 및 테오도라 1042
콘스탄티누스 9세 모노마쿠스 1042~1055
테오도라 프로피로게니투스 1055~1056
미카일 6세 브랑가스 1056~1057
이사키우스 1세 콤네누스 1057~1059
콘스탄티누스 10세 두카스 1059~1067
로마누스 4세 1067~1071
미카일 7세 두카스 1071~1078
니케포루스 3세 보타네이아테스 1078~1081
알렉시우스 1세 콤네누스 1081~1118
요한네스 2세 콤네누스 1118~1143
마누엘 1세 콤네누스 1143~1180
알렉시우스 2세 콤네누스 1180~1183
안드로니쿠스 1세 콤네누스 1183~1185
이시카우스 2세 앙겔루스 1185~1195
알렉시우스 3세 앙겔루스 1195~1203
이시카우스 3세 앙겔루스 1203~1204
알렉시우스 5세 두카스 무르주플르스 1204

알렉시우스 3세 앙겔루스 1204
테오도루스 1세 1205~1221
요한네스 3세 두카스 바티체스 1221~1254
테오도루스 2세 리스카리스 1254~1256
요한네스 4세 라스카리스 1256~1261
미카일 8세 팔라이올로구스 1261~1282
안드로니쿠스 2세 팔라이올로구스
  1282~1328
안드로니쿠스 3세 팔라이올로구스
  1328~1341
요한네스 5세 팔라이올로구스 1341~1376
안드로니쿠스 4세 팔라이올로구스
  1376~1379
요한네스 6세 팔라이올로구스 1379~1391
마누엘 2세 팔라이올로구스 1391~1425
요한네스 8세 팔라이올로구스 1425~1448
콘스탄티누스 11세 팔라이올로구스
  1448~1453

라틴 제국 황제 연표 1204~1261

보두엥 1세 드 플랑드르   1204~1205
앙리 드 플랑드르   1205~1216
피에르 드 쿠르트네   1217
욜란다   1217~1219
로베르 드 쿠르트네   1221~1228
쟝 드 브리엥   1228~1237
보두엥 2세 드 쿠르드네   1237~1261

오스만 제국 술탄 연표 1299~1922

1. 오스만 가지   1299~1326
2. 오르한 가지   1326~1360
3. 무라드 1세   1360~1389
4. 바예지드 1세   1389. 6~1402. 7. 28
5. 메흐메드 1세   1413. 7. 5~1421. 5. 26
6. 무라드 2세   1421. 7. 5~1444. 12. 1,
   1446~1451. 2. 3
7. 메흐메드 2세   1444. 12. 1~1446,
   1451. 2. 18~1481. 5. 3
8. 바예지드 2세   1481. 5. 21~1512. 4. 24
9. 셀림 1세   1512. 4. 24~1520. 9. 22
10. 쉴레이만 1세   1520. 9. 30~1566. 9. 7
11. 셀림 2세   1566. 9. 30~1574. 12. 15
12. 무라드 3세   1574. 12. 22~1595. 1. 16
13. 메흐메드 3세   1595. 1. 27~1603. 12. 21
14. 아흐메드 1세   1603. 12. 21~1617. 11. 22
15. 무스타파 1세   1617. 11. 22~1618. 2. 26,
    1622.5.19~1623.9.10
16. 오스만 2세   1618. 2. 26~1622. 5. 20
17. 무라드 4세   1623. 9. 10~1640. 2. 8
18. 이브라힘   1640. 2. 9~1648. 8. 8
19. 메흐메드 4세   1648. 8. 8~1687. 11. 8
20. 쉴레이만 2세   1687. 11. 8~1691. 6. 22
21. 아흐메드 2세   1691. 11. 22~1695. 2. 6
22. 무스타파 2세   1695. 2. 6~1703. 8. 22
23. 아흐메드 3세   1703. 8. 22~1730. 10. 1

찾아보기

24. 마흐무드 1세 1730. 10. 1~1754. 12. 13
25. 오스만 3세 1754. 12. 13~1757. 10. 30
26. 무스타파 3세 1757. 10. 30~1774. 1. 21
27. 압둘하미드 1세 1774. 1. 21~1789. 4. 7
28. 셀림 3세 1789. 4. 7~1807. 5. 29
29. 무스타파 4세 1807. 5. 29~1808. 7. 28
30. 마흐무드 2세 1808. 7. 28~1839. 7. 1
31. 압둘메지드 1839. 7. 1~1861. 6. 25
32. 압둘아지즈 1861. 6. 25~1876. 5. 30
33. 무라드 5세 1876. 5. 30~1876. 8. 31
34. 압둘하미드 2세 1876. 8. 31~1909. 4. 27
35. 메흐메드 5세 레샤드 1909. 4. 27~1918. 7. 3
36. 메흐메드 6세 바흐데틴 1918. 7. 4~1922. 11. 1

3일 간의 약탈 34, 85
갈라타 149
갈라타 다리 210
갈라타 타워 154
갈라타사라이 고등학교 156
갈라타사라이 광장 156
게롬 184
게르만족의 이동 22
겔리볼루 전투 213
경의의 문 57
고트 기둥 126
골든 게이트 144
골든 혼 32, 209
골든 혼 철퇴 31
귈하네 공원 125
귈하네 칙령 126
그랜드 바자르 134
나이팅게일 173
누루오스마니예 사원 136
니카의 반란 81, 101
니케아 왕조 26
다르다넬즈 해협 212
단돌로 91
데브쉬르메 제도 54, 63
데브쉬르메 제도 63
델포이 신 18

219

도시 성곽 143
도자기관 62
독일 193
돌 기둥 106
돌마바흐체 궁전 183
동로마 제국 22
디반 57
디반 회의 58
라틴 제국 26
람세스 2세 123
러시아 193
레오나르도 다 빈치 210
로물루스 아우구스툴루스 22
록셀라나 108
루멜리 성 29, 206
마누엘 1세 콤네누스 173
마르마라 해 211
마흐무드 1세 61
메두사 기둥 110
메블레비 152
메흐메드 2세 20, 52, 28
메흐메드 3세 74, 127
메흐메드 4세 79
메흐메드 5세 레샤드 197
메흐테르 군악대 168
모자이크 88
몽골의 귀부인 성당 145
몽트뢰 협정 213
무라드 5세 195

무스타파 레쉬드 파샤 125
무스타파 케말 37
무에진 87
므스르 차르시 134
미타일 8세 팔라이올로구스 145
미흐랍 87, 129
미흐리샤 발리데 술탄의 묘 170
바브 알리 77
바야라르바쉬 175
바예지드 슐탄 156
발렌스 수도교 110
발렌스 황제 110
발리데 술탄 69, 71
발안 184, 187
뱀 기둥 106
뱀의 머리 106
베네치아 화풍 67
베이올루 151, 156
베일레르베이 궁전 198
벨리아흐트 방 74
보스포러스 205
보스포러스 대교 208
불량제 184
블루 모스크 95
비잔틴 모자이크 박물관 115
비잔틴 제국 47
비잔틴 지하 저수지 110
사라이부르누 18
사하프라르 차르시 136

샤드르반 94
샬레 별장 192
서로마 제국 22
성 소피아 성당 33, 81
성 이레네 성당 57
성상 파괴 운동 86
성지 회복 26
성화 86
세르기우스 박쿠스 성당 94
세밀화 66
세빌 131
셀림 1세 62
셀림 3세 35, 189
셀주크 제국 25, 26
셀주크 튀르크 25
셉티미우스 세메루스 143
소망의 기둥 93
소쿨리 메흐메드 파샤 170
수쿠타리 171
술탄 아흐메드 사원 95
술탄 아흐메드 지역 49
쉴레이마니예 모스크 127
쉴레이만 1세 황제 20
쉴레이만 2세 75
쉴레이만 파샤 212
쉴레이만 황제 35
시난 131
십자군 25
아나돌루 성 29, 206

아나스타시수스 1세 205
아라스타 116
아브라힘 파샤 108
아브라힘 파샤 궁전 108
아샤키리 만수레이 무하메디예 189
아이를륵 정수대 51
아이바소브스키 184
아타튀르크 37, 185
아타튀르크 문화관 167
아타튀르크 박물관 153
아타튀르크의 집 167
아흐메드 1세 95
아흐메드 3세 64
아흐메드 차부쉬 127
알라이 쾨쉬크 80
알렉산더 대왕의 석관 118
압둘아지즈 195
압둘하미드 193
압둘하미드 2세 195
압둘하미드 술탄 191
앙카라 39
애거서 크리스티 161
어전 회의 79
에부 에윕 엔사리 169
에윕 169
엔데룬 62
영국 193
예니 모스크 127
예니 사라이 52

221

예니체리 35, 54
예디쿨레 144
예레바탄 사라이 110
오르반 30
오리엔트 특급 살인 사건 161
오리엔트 특급 열차 161
오벨리스크 101
오스만 2세 145
오스만 제국 47
오스만 함디 베이 117, 118
욥 169
운카파느 다리 210
위스크다르 51, 171
유네스코 47
유스티니아누스 황제 20, 24, 81
이스탄불 34, 39
이스탄불 고고학 박물관 117
이오 205
이집트 시장 134
이크발 71
이프타리예 정자 64
일곱 개의 언덕 48
일드즈 궁전 189
제1차 세계대전 37
제랄 도라 대령 168
제우스 205
중근동 박물관 123
지복의 문 60
차낙칼레 해협 212

참르자 175
처녀의 탑 172
철도 부설권 193
청년터키당 36, 191
첼레비 155
총리 대신 관저 77
츠라안 궁전 195
치닐리 쾨쉬크 117
치첵 파사즈 158
카누니 77
카데쉬 123
카드쾨이 176
카리예 박물관 138
카스피 해 215
카팔르 차르시 134
카페스 74
칼리프 62
칼케돈 18, 176
캬틉 173
코라 교회 138
콘스탄티노폴리스 20
콘스탄티누스 대제 24
콘스탄티누스 황제 18, 20
퀼리예 127
크리소케라스 209
크리소폴리스 171
크세르크세스 왕 208
크즈 쿨레시 172
탁심 167

탄지마트 36, 125
터키 공화국 39
터키 이슬람 예술 박물관 108
터키식 차 135
터흐신 야즈즈 소장 168
테오도레 메토키데스 138
테오도시우스 1세 22
테오도시우스 2세 143
테크푸르 궁전 116
테페바쉬 158
토인비 41
톱카프 궁전 52
톱카프 단검 61
튤립 축제 64
파샤 카프스 79
파티흐 박물관 124
파티흐 술탄 메흐메드 대교 208
파티흐(정복자) 다리 210
페라 149
페라 팔라스 호텔 161
페라의 대로 151
페리예 궁 195
평화 조약 점토판 123
포시티 형제 159
폰투스 유키누스 215
프랑스 193
프레스코 벽화 138
프로멘틴 184
피에르 기이 48

하렘 60, 68
하세키 술탄 71, 72
하투실리 2세 123
한국 전쟁 168, 173
한국관 168
할례실 64
할리치(골든 혼) 다리 210
헌팅턴 41
헤라 205
헤레케 카펫 184
헬레스폰트 212
헬바 60
황제의 문 54
회칠 85
휜카르 카스르 99
흑해 214
히타이트 123
히포드럼 81, 101

참고도서

김정하, 로마 제국사, 까치, 1998, 서울
로데릭, H. 데비슨, 이희철 옮김, 터키사 강의, 도서출판 펴내기, 1998, 서울
워렌 트레드골드, 박광순 옮김, 비잔틴 제국의 역사, 가람기획, 2003, 서울
유재원, 그리스-신화의 땅 인간의 나라, 리수, 2004, 서울
이희수, 터키사, 대한교과서주식회사, 1993, 서울
이희철, 터키-신화와 성서의 무대 이슬람이 숨 쉬는 땅, 리수, 2002, 서울
존 줄리우스 노리치, 남경태 옮김, 종횡무진 동로마사, 그린비, 2000, 서울
Alpay Pasinli, Istanbul Archaeological Museums, 1992, Istanbul
Bernard Lewis, Istanbul, University of Oklahoma Press, 1963
David Talbot Rice, Constantinople : Byzantium-Istanbul, 1965, London
Doğan Kuban, Istanbul Bir Kent Tarihi, 1976, Istanbul
Donald Nichol, The Last Centuries of Byzantium, 1972, London
Fanny Davis, The Palace of Topkapı in Istanbul, 1970, New York
Godfrey Goodwin, A History of Ottoman Architecture, 1971, London
Halil I. & Günsel R., Ottoman Civilization, 2003, Istanbul
Hilary S. & John F., Strolling through Istanbul, 1989, Istanbul
John Freely, The Bosphorus, 1993, Istanbul
John Freely, Osmanlı Sarayı, 2000, Istanbul
John Freely, Türkiye Uygarlıklar Rehberi Istanbul, 2002, Istanbul
Orhan M. Bayrak, Istanbul Tarihi, 1970, Istanbul
Semavi Eyice, Bizans Devrinde Boğaziçi, 1976, Istanbul
Yurt Ansiklopedisi, Istanbul Doğasi-Tarihi-Ekonomisi-Kültürü, 1983, Istanbul

우 편 엽 서

보내는 사람

이름 :　　　　　　　　　　(만　세)

남 □　여 □　　　미혼 □　기혼 □

직업 :

주소 :

휴대폰 :

e-mail :

□□□□-□□□

우편요금
수취인후납부담

발송유효기간
2012.5.1-2014.4.30

서울광진우체국
제528호

도서출판 **도토리창고** 도서출판 **리수**

서울시 성동구 행당2동 346 한진상가 110호
전화 2299-3703 • 팩스 2282-3152 • 홈페이지 risu.co.kr

| 1 | 3 | 3 | - | 0 | 7 | 2 |

리수 독자 카드

- **구입하신 책 제목 :**
- **구입하신 곳 :**
- **이 책을 구입하게 된 동기**
  - 주위의 권유 □   선물로 받음 □
  - 기사나 서평을 보고
    신문 □   잡지 □   TV □   라디오 □   인터넷 □   기타 □
  - 서점에서 우연히(제목 □   표지 □   내용 □)이 눈에 띄어서
  - 리수의 홍보물 □ 이나 홈페이지 □ 를 보고
  - 이미 (작가 □   출판사 □) 알고 있어서

- **이 책을 읽고 난 느낌**
  - 내용   만족 □ 보통 □ 불만 □
  - 제목   만족 □ 보통 □ 불만 □
  - 본문편집   만족 □ 보통 □ 불만 □
  - 표지   만족 □ 보통 □ 불만 □
  - 책값   만족 □ 보통 □ 불만 □

- **구독하고 있는 신문, 잡지의 이름**
- **즐겨 듣는 라디오, TV 프로그램**
- **최근에 읽은 책 중 기억에 남거나 권하고 싶은 책은?**
  - 책이름   • 출판사
- **앞으로 리수가 출간했으면 하는 책은?**
- **이 책을 읽은 소감이나 리수에게 바라고 싶은 의견**

회원께는 리수의 신간 정보를 보내드리며, 우수 회원을 선정하여 신간 도서 및 도서 상품권을 보내드립니다.
리수출판사는 나를 아는 책·세상을 아는 책을 출간합니다★